Klaus Völker
Vian-Biographie

Boris Vian in Andacht vor der Portraitbüste Vernon Sullivans

Klaus Völker

BORIS VIAN

Der Prinz von Saint-Germain

Verlag Klaus Wagenbach Berlin

Die erste Ausgabe erschien 1989 im Allgemeinen Programm des Verlags Klaus Wagenbach.

Bildnachweis:
S. 8, 90 ©Lipnitzki/Roger-Viollet; S.12: collection Ursula Vian-Kübler, Fondation Boris Vian ©VG Bild-Kunst, Bonn 2006; S.14, 58 (re.) © Roger-Viollet; S. 15, 104: Kanadisches Fernsehen; S. 58 (li.) ©Harlingue/Roger-Viollet; S.16, 18, 19, 20, 21, 22, 25, 26, 28, 29, 30, 31, 35, 37, 39, 42, 84, 88, 126, 129, 134, 145 (li.), 162, 172, 173, 174, 178, 179, 182 ©Fondation Boris Vian; S. 2, 41, 124, 175: collection Michèle Léglise-Vian ©Fondation Boris Vian; S.47: Bibliothèque Nationale de Paris; S.34, 135: ph. Henri Guilbaud; S.50: ph. M. Descamps; S.52, 127 ©Yves Manciet/Rapho; S.53: ph. Brassaï; S.64: ph. Daniel Boudinet; S. 66: ph. Henri Cartier-Bresson ©magnum; S.68 ©Keystone–France; S.80: collection Mme. Leduc; S.76, 123: Jean Boullet;S.86, 120, 136 (li.), 139, 142 ©Robert Doisneau/Rapho; S.93, 108, 113–116: Siné/Le Collège de Pataphysique; S. 95: Schauspiel Frankfurt; S.105 © Klaus Völker; S.112: Joyeux, Radio diffusion–television française; S.137, 184: Archives Philips; S.141: ph. Paul Almasy/AKN; S.146, 147, 152: ph. Jean Weber/Le Collège de Pataphysique; S. 148/149, 157: Le Collège de Pataphysique; S.158: ph. Elia Bourdin; S. 165, 186: ph. Jean Suyeux.

Wagenbachs Taschenbuch 529
1. Auflage der überarbeiteten Neuausgabe im Februar 2006

Umschlaggestaltung: Julie August unter Verwendung eines Photos von Lipnitzky Viollet © Lipnitzki / Roger Viollet. Reihenkonzept: Rainer Groothuis. Satz aus der Minion und Gestaltung: Julie August. Das Karnickel auf Seite 1 zeichnete Horst Rudolph. Gedruckt und gebunden bei Pustet, Regensburg. Vorsatzmaterial von Schabert & Co., Strullendorf. Printed in Germany.

ISBN-13: 978 3 8031 2529 3
ISBN-10: 3 8031 2529 4

INHALT

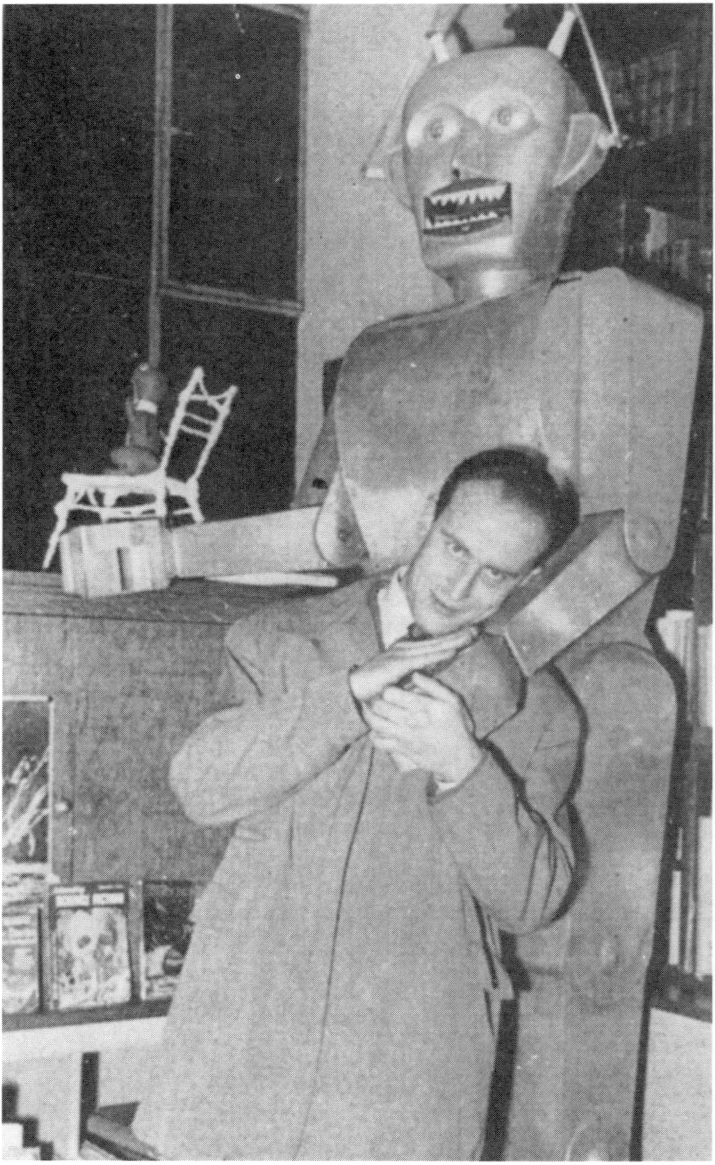

»Diesmal war es eine leidenschaftliche Liebeserklärung, die der Apparat hervorbrachte: ›Ach, ich liebe Sie! Ich liebe Sie! Ich bin verrückt nach Ihnen!‹«

Boris Vian, *Die Gefahr von Klassikern*

Boris Vian war Ingenieur, Dichter, Musiker, Schauspieler, Übersetzer und noch vieles andere; er huldigte wie Raymond Queneau, Marcel Duchamp oder Max Ernst der Pataphysik, jener Wissenschaft ›imaginärer Lösungen‹ und des Besonderen, nämlich der Gesetze, die die Ausnahmen bestimmen. Als ›Wissensabenteurer‹ war Boris Vian immer in Bewegung, er wollte die Grenzziehungen zwischen Naturwissenschaften und Philosophie, zwischen Technik und Kunst überflüssig machen, ihre positiven Errungenschaften zur Versöhnung bringen. Sein ganzer Ehrgeiz war es stets, an all das zu denken, woran andere nicht denken. Dieser vielseitig begabte Künstler und Erkenntnissucher wollte sich nicht mit dem festgelegten Rahmen eines ›Berufs‹, eines künstlerischen Mediums oder eines philosophischen Denksystems zufriedengeben. Seine Romane, Lieder und Betrachtungen bekräftigen seine unermüdliche Suche nach philosophischer und poetischer Wahrheit. Pico della Mirandola, dem humanistischen Wissensabenteurer und Häretiker der Frührenaissance, so schrieb er 1953, gehöre die Zukunft: »Wir müssen alles wissen.«

Vians Haltung der Wissenschaft gegenüber war einerseits von leidenschaftlichem Interesse für alle Erfindungen und kühnen Entdeckungen geprägt: »Ein Roboter-Poet macht uns keine Angst«, erklärte er in einer spöttischen Polemik gegenüber dem Chefredakteur

»Ist es doch bereits so weit mit uns gekommen, daß nur der als weise gilt, der aus dem Studium der Weisheit einen Handel macht. Schmerz und Entrüstung erfassen mich, wenn ich Männer, die sich Philosophen nennen, nach Sold und Lohn gieren sehe. Wer auf Erwerb ausgeht, wer seine Ehrsucht nicht zu zügeln vermag, wird niemals die Erkenntnis der Wahrheit erreichen. Ich dagegen kann es frei und unumwunden aussprechen, daß ich mich niemals in anderer Absicht, als um der Philosophie zu dienen, ihr zugewendet habe. Die Kultur der Seele und die Erkenntnis der ersehnten Wahrheit allein sollten mein Lohn sein. Der Erreichung der Wahrheit galt mein Verlangen, ganz gab ich mich ihrer Ergründung hin ... Eine hohe Lehre gab mir die Philosophie, das eigene Gewissen zum Tribunale meiner Handlungen zu machen und nicht die Meinung der Menge.« *Giovanni Pico della Mirandola* der Zeitschrift »Arts«, André Parinaud, andererseits bekundete er Angst vor den Gefahren einer Anwendung der wissenschaftlichen Entdeckungen zu Zwecken der Unterdrückung und Entmündigung des Individuums. Noël Arnaud, ebenfalls Pataphysiker und posthumer Herausgeber vieler Bücher Vians, schreibt: »Eine widersprüchliche Haltung?

Gala des Artistes, April 1949 in Paris:
5. v. links Jean-Louis Barrault, darunter Madeleine Renaud, mit Trompete: Boris Vian

Nein, im Gegenteil, sie ist völlig logisch. Alles ist dem Menschen möglich, und er soll sich nichts versagen, doch dieses Alles, diese Totalität der Möglichkeiten kann ihm nur dann zu seinem Vorteil gereichen, wenn er der absolute Herr bleibt, wenn jedes Individuum das gesamte Wissen – in dem Maße, in dem es zunimmt – als sein Eigentum empfängt – und behält. Man muß sich der Zerstückelung widersetzen, dieser furchtbaren Amputation, die man ›Spezialisierung‹ nennt und die aus jedem Menschen, der auf eine einzige Funktion beschränkt ist, einen Sklaven der Roboter machen würde, die von einem Führer befehligt werden, der allein den ›Schlüssel‹ zu ihrer Manipulation in der Hand hielte. Diese tragische Vision beschäftigte Boris Vian unaufhörlich, und er bekämpfte unablässig die bereitwillig verbreitete Ansicht, der zufolge es dem Menschen des 20. Jahrhunderts unmöglich ist, die Totalität der Kenntnisse zu erfassen.«

Wer war Boris Vian? Arnold Kübler, der Vater seiner zweiten Frau, überlieferte eine bezeichnende Charakteristik des auf so vielen Gebieten erfindungstüchtigen und produktiven Künstlers: »Alle sind verkleidet. Da heißt es eben, sich auch verkleiden. Auf diese Art ist man nicht mehr verkleidet.« Der Beruf, den Vian gelernt hatte, war der des Ingenieurs, wobei sich seine Fähigkeiten durchaus nicht, wie es satirische Feuilletons und Fotos bekunden, aufs Hobbybasteln und das Herrichten schicker Oldtimer beschränkten; vielmehr beschäftigte er sich zum Beispiel mit der Herstellung von Lastwagenpneus, die eine Gummiersparnis von über zwanzig Prozent erbringen würde, oder er arbeitete, spielte und experimentierte gerne mit raffinierten Werkzeugen, technischen Geräten und neuen Materialien. Elektronische Reim- und Dichtmaschinen, die

»Zufälligerweise kam ich am 10. März 1920 auf die Welt, und zwar an der Pforte einer Entbindungsklinik, die wegen Streik geschlossen war. Meine Mutter war damals **schwanger** von den Werken Paul Claudels (seit jener Zeit kann ich ihn überhaupt nicht ausstehen), und zwar im dreizehnten Monat, und konnte das Konkordat nicht abwarten. Ein frommer Mann der Kirche, der zufällig vorbeikam, hob mich auf und legte mich gleich wieder hin: ich war tatsächlich sehr häßlich (von dieser Zeit an habe ich meine wohlbekannte **Weihwedelphobie**). Zum Glück nahm mich dann eine hungrige Wölfin, die gerade Pierre Hervé zur Welt gebracht hatte (ich bin also genauso alt wie er, was vollkommen mit **Einsteins relativen Gleichzeitigkeitstheorien** übereinstimmt), unter ihre Fittiche und gab mir zu trinken. Ich wurde stark und klug, blieb jedoch weiterhin so häßlich, obwohl mich zwar eine uneinheitliche, aber doch üppig entwickelte Haarpracht zierte. In der Tat sah mein Kopf aus wie jener der Nike von Samothrake. ➻

anderen Autoren Alpträume bereiteten, begrüßte er als spannende Bereicherung künstlerischer Tätigkeit. Technische Geräte regten seine Phantasie an, er hütete sich aber stets davor, sich von ihnen abhängig zu machen, sich ihren Gesetzen zu unterwerfen.

»Wer viel anpackt, packt nichts gründlich an«, das ist die landläufige Meinung von Lehrern, Politikern, Fachgelehrten und staatstreuen Bürgern, die an das Sichere, Endgültige, die Ordnung und das geregelte Leben glauben. Boris Vian war ein Dichter, der zu seinen Lebzeiten durch Skandale, Auftritte, Prozesse und seine mannigfaltigen Aktivitäten in der Jazzmusikszene, in Varietés und Kabaretts bekannt war, dessen Bücher aber von den Meinungsmachern und Literaturagenten abgelehnt wurden, weil sie in kein Schema zu passen schienen und als zu unseriös empfunden wurden. Simone de Beauvoir schrieb in ihrer Autobiographie ›Der Lauf der Dinge‹: »Vians Abscheu *vor den Scheusalen* war ebenso glühend wie seine Liebe zu dem, was ihm am Herzen lag.« Das war seine Art von Engagement.

Inzwischen ist Vian ein gerade wegen seiner Vielseitigkeit geschätzter Autor geworden, dessen Aktualität in der Beweglichkeit seines Denkens und seiner Interessen sowie in der Unfähigkeit zu opportunistischen Gesinnungen liegt. Er schrieb zehn Romane, Erzählungen, Theaterstücke, Gedichte, Lieder und Polemisches, Kritiken, Glossen, immer überraschende, »unvorsichtige« Werke, in denen das Leben Purzelbäume schlägt. Gerade seine kleinen Varietés sollte man nicht unterschätzen. Es sind artistische Darbietungen wie im Varieté und ausgesprochen abwechslungsreiche Abarten vertrauter poetischer, dramatischer oder erzählerisch-essayistischer Formen. Besonders in Deutschland erregt ein Varieté-Dichter wie

Mit sieben Jahren kam ich auf die École Centrale und drei Jahre später, 1942, ging ich wieder von ihr ab, total verunsichert von der **Hydrodynamik des Unterrichts** von Monsieur Bergeron. Damals konnte ich nicht ahnen, daß zwölf Jahre später, im Jahr 1946, … Aber wir wollen nicht vorgreifen. 1938 trat ich dem Studium der **BONBONTROMPETE** näher, und ich fing an, wie Armstrong zu spielen, aber ich gab es rasch wieder auf, damit er nicht brotlos würde: auf Grund der Rassenvorurteile hätte ich ihn glatt ausgestochen mit meiner knalleffektsicheren taufrischen Hautfarbe.

Im Jahr 1941, exakt am 18. April, begegnete ich dem berühmten Claude Abadie, derzeit Leiter der Compagnie de Suez, herausragendes Mitglied der Synarchie und Klarinettenspieler. Er nahm mich unter seine Fuchtel, und dank unserer fruchtbaren Zusammenarbeit gewann das Orchester Claude Abadie 1945 verschiedene internationale Preise, trotz Anwesenheit des in seinen Reihen unerwünschten Claude Léon, eines **schamlosen**

➳

Vian noch immer Verdacht, obwohl es immerhin auch bei uns literarische Abenteurer und amüsante Vertreter intelligenten Dandytums wie Walter Serner, Konrad Bayer und Rolf-Dieter Brinkmann gab, deren künstlerisches Selbstverständnis sich in vergleichbarer Weise rigoros, virtuos, experimentell, vielseitig, leichtfüßig und schwermütig, zärtlich und boshaft präsentierte.

Wer war Boris Vian? Sein gleichermaßen starkes Interesse für Mathematik, Technik, Poesie und Philosophie ermöglichte ihm den ständigen Wechsel vom Ingenieur zum Dichter, und gleichzeitig war er ein exzellenter Musiker. 1942 trat er als Trompeter in die Amateurjazzband von Claude Abadie ein. Sein Bruder Alain wirkte dort bereits als Schlagzeuger mit, und kurze Zeit nach Boris schloß sich auch Lélio Vian der Band als Gitarrist an. Die Begeisterung für Jazz war für diese jungen Leute Widerstandskampf, Bekenntnis zur Musik einer überall unterdrückten Rasse. Die Nazis mußten diese Musik nach der Okkupation in Frankreich nicht mehr ausdrücklich verbieten, denn schon vorher war sie von achtundneunzig Prozent der Franzosen für dekadent und verrückt erklärt worden. Die Vians nannten sich stolz ›marrons‹, entlaufene Negersklaven, sie huldigten dem New-Orleans-Stil, veranstalteten Swing-Festivals und wurden zu enthusiastischen Vorkämpfern des Bebops. Alle Bandmitglieder arbeiteten tagsüber in anderen Berufen, in Ingenieurbüros, in Ministerien, in der Universität; Claude Abadie, als Polytechniker ausgebildet, war Direktionssekretär bei der Bank von Paris. Die Musiker nahmen fast jede Einladung zum Spielen an, sei es, wenn ein Wirt in seinem Lokal eine unkonventionelle Attraktion bieten wollte, sei es, wenn es eine Hochzeit zu feiern oder eine ›Surprise-Party‹ musika-

Opiumrauchers und Gelegenheitsmörders (der vorgibt, wirklich ein Diener der Gerechtigkeit zu sein).

Ganz plötzlich veränderte sich mein Aussehen, und ich fing an, Boris Vian zu gleichen, daher mein Name. Ohne weiter in Einzelheiten zu gehen, sei nur kurz erwähnt, daß ich irgendwann einmal in meinem Leben dreieinhalb Jahre bei der Association Française de Normalisation verbrachte, die mittlerweile durch einen Brand zerstört wurde, den Jaques Lemarchand sorgfältig in eckigen Klammern versteckt gelegt hatte.

Raymond Queneau begegnete mir beim Angeln, was ich nicht tue, und schlug mir, von meinem Drive ganz hingerissen, einen **Testgalopp** vor. Was ich prompt befolgte. Der Rest gehört der Zeitgeschichte an.

Barfuß bin ich ein Meter sechsundachtzig groß, ich wiege genug, und vor allem **schätze ich die Werke von Alfred Jarry, das VÖGELN und meine vielgeliebte Gattin.**

➵

lisch aufzumöbeln galt. Allerdings weigerten sie sich, weiße Jacketts wie Berufsmusiker anzuziehen, sie trugen lieber marineblaue Anzüge, mischten sich unter die Gäste und tanzten mit, wenn es ihnen Spaß machte. Und meistens machte es ihnen sehr viel Spaß. Ihr Lohn war oft nur ein Drink oder ein Sandwich. Erlaubt war alles, die einzige Moral, die alle Bandangehörigen strikt befolgten, war die Weigerung, einen Titel zu spielen, den sie für schlecht hielten.

Die besten Jahre für das Orchester Abadie-Vian kamen 1945–48, als sie an Jam-Sessions, internationalen Jazz-Turnieren und den einschlägigen Festivals teilnahmen, in Hot-Clubs gefeiert wurden und Preise gewannen – keine goldenen Jahre, aber eine recht glückliche Zeit, in der gelebt, geliebt und gestritten wurde. Wie brüchig der Boden war, auf dem man sich bewegte, war nur wenigen bewußt.

Der große Krieg war mit dem Abwurf der Atombombe über Hiroshima zu Ende gegangen. Gleichzeitig aber wurde die Saat zu künftigen Kriegen ausgestreut. Der Kalte Krieg ließ nicht lange auf sich warten. Boris Vian erklärte, als man ihm vorwarf, mit seinem Stück ›Abdeckerei für alle‹ über so etwas Ernstes wie Krieg, patriotische Gesinnungen und das Bündnis der Alliierten Witze gemacht zu haben: »Bedauerlicherweise gehöre ich zu den Menschen, die der Krieg weder zu patriotischen Gefühlen, noch zu kriegerischen Grimassen veranlaßt, noch auf Mordgedanken bringt (Rosalie, Rosalie!), noch in den Zustand herzergreifender und bewegter Einfalt oder in den unerwarteter Pietät versetzt – nichts dergleichen, mich versetzt er dagegen völlig in den Zustand verzweifelter Wut gegen die Absurdität von Schlachten, die Wörter-Schlachten sind, die aber Menschen aus Fleisch und Blut töten.«

Nicht zu vergessen, aber danach: die New-Orleans-Musik, Duke Ellington, Lana Turner, Ann Sheridan, die Symphonien für Doppelglocke und Petrolwagenorchester des Commodore W. Spotlight, die Ölmalerei, die ich mit seltenem Glück betreibe, den Schnurrbart meines hochverehrten Jean Rostand, die Mädchen vom Jazz-Club der Universität (besonders eine Blonde im grünen Kleid … doch lassen wir das), den Two-Beat (das ist keine sexuelle Anspielung) und die Mutter Chaput; **ich hasse Paul Claudel** (ich hab's schon gesagt, aber ich sag's halt gern und deshalb hab ich auch nie etwas von ihm gelesen), den ›Großen Meaulnes‹, **Alain** (nicht meinen Bruder, der ein ganz irrer Typ ist), **Péguy**, die Jazzvioline, wie sie eben die Franzosen so spielen, die Werke der Einbildung, **Lügen und kleinformatiges Zeug,** ›Iwan der Schreckliche‹, Leonard Feather, Edgard Jackson, den ›Diktator‹, Dumont d'Urville*, Monsignore Suhard, **den Papst**; Barbotin, den mag ich. Nicht mag ich **flache Brüste** (bei Frauen), **ENDIVIENSALAT** und Scheiße,

»

Vians Attacken gegen die Tagesphrasen der Politiker, gegen die Unbelehrbarkeit der Militärs, gegen die Kopflosigkeit der Polizei, gegen den zeitweiligen Irrsinn der ganzen Welt hatten oft etwas von der trotzigen Lustigkeit der Verzweiflung. Seit seiner Studienzeit wußte er, daß er keine vierzig Jahre alt werden würde. Angst vor dem Sterben hatte er also nicht, aber doch Angst vor einem allzu sinnlosen Tod. Als die Jazzmusiker kurz nach Kriegsende in die von den Amerikanern besetzte Villa Rothschild im Bois de Boulogne gebeten wurden, verbot man ihnen, den Park zu betreten, da er noch vermint war: ein falscher Ton, meinte Boris Vian hinterher, und sie wären alle in die Luft gegangen.

Das Leben ist wie ein Zahn
Erst ist es dir keinen Gedanken wert
Kauen genügt
Doch dann wird's plötzlich faul
Es schmerzt dich und du nimmst es zur Kenntnis.

Und du gehst in Behandlung, machst dir Sorgen
Aber wenn du kuriert werden willst
Muß man es dir ausreißen, das Leben.

Weil sie ihre Musik so ernst nahmen, sahen sie sich gezwungen, sie auf lustige Weise zu praktizieren. Bei einem Turnier im März 1946 in der Salle Pleyel zum Beispiel präsentierten sie sich als das älteste Jazzamateurorchester Frankreichs: Als ›Professor Dupiton und seine fröhlichen Mandolinen‹ spielten sie mit langen weißen Bärten und in Kostümen einer ehrwürdigen Liedertafel. Die wichtigsten Auftritte

außer wenn sie gut angemacht sind. Ich suche eine Fünfzimmerwohnung mit allem Komfort. **Ich habe ein bewegtes Leben geführt, doch ich fange gerne nochmal von vorne an.**«

BORIS VIAN, 20. 6. 1946

* Ich übertreibe. Im Grunde ist mir der völlig egal.

Porträt des Bison Ravi
(Anagramm Boris Vians) von Félix Labisse

hatte das Orchester Abadie-Vian allerdings immer in kleinerem Rahmen, in den Lokalen von Saint-Germain-des-Prés, als dort die aus dem Krieg, aus ihren Verstecken, aus der Gefangenschaft oder den Lagern heimkehrenden Künstler und Intellektuellen sich trafen, die unter dem Sammelnamen ›Existentialisten‹ bekannt wurden: Juliette Gréco, Jean-Paul Sartre, Simone de Beauvoir, Olga und Jacques-Laurent Bost, Anne-Marie Cazalis, Alexandre Astruc, Mouloudji, Wols, Jacques Prévert, Henri Salvador, Camille Bryan, Raymond Queneau, Maurice Merleau-Ponty, Albert Camus, Claude Léon.

Sartre war unbestritten der geistige Mittelpunkt, die Denkmalsfigur der Existentialisten, Boris Vian, ›Prince Boris‹ wurde er damals genannt, war nur der ungekrönte König dieses Reichs, dessen Grenzen drei Cafés und eine Kirche bildeten. Sein Zepter war seine Trompete. Seine bevorzugten Residenzen blieben der Club ›Tabou‹ und der ›Club Saint-Germain-des-Prés‹.

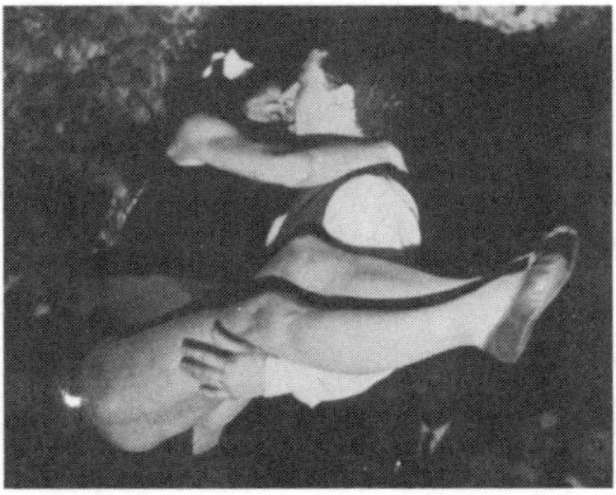

Boogie-Woogie
im Club Vieux-Columbiers

ICH LEBTE IN EINEM KÄFIG

oder

DIE VORTEILE DER PRIVATERZIEHUNG

»›**NEIN**‹,
sagte die Katze,
›ich sitze doch selbst
in der Patsche.‹«

Ville d'Avray, heute eine etwa 12.000 Einwohner zählende Wohnstadt des Arrondissement Nanterre, war zu Anfang des Jahrhunderts ein idyllischer Vorort im Südwesten von Paris, westlich von Sèvres und an der Eisenbahnlinie Paris–Versailles gelegen, im Norden an den Park von St. Cloud grenzend und im Süden vom Bois de Fausses Reposes umgeben. Letzterer war ein beliebter ›Liebesforst‹ für Pariser Pärchen mit Automobil, in dem Boris Vian seine Novelle ›Der Werwolf‹ spielen läßt, jene bewegende Leidensgeschichte eines zahmen Wolfs, der durch den Biß des zivilisationsgeschädigten Magiers von Siam in einen Werwolf verwandelt und nächtlings ins tobsüchtige Paris verschlagen wird.

In Ville d'Avray, in einer prächtigen Villa in der rue de Versailles, wurde am 10. März 1920 Boris Vian geboren, der zweite Sohn von Paul Vian und seiner Frau Yvonne, die im Dezember 1917 geheiratet und sich in der gutbürgerlichen Waldgemeinde zwecks Familiengründung niedergelassen hatten. Offiziell war Paul Vian Hersteller von Kunstbronzen, ein Beruf, den er allerdings nie ausübte, denn er lebte von Jugend an als vorzeitiger Rentier von der Goldgrube, als die sich das Kunstbronzengeschäft seiner Vorfahren offensichtlich erwiesen hatte. Bei seiner Heirat war er erst zwanzig Jahre alt, acht Jahre jünger als seine Frau, die von einer Karriere als Opernsängerin

Boris Vian in Ville d'Avray, 1935

geträumt hatte, sehr gut Klavier und Harfe spielen konnte und nun ihr ungenutztes künstlerisch-musikalisches Erbe auf die Söhne übertrug, die sehr bald davon Gebrauch zu machen verstanden. Anfang der zwanziger Jahre erwarb Paul Vian die Villa ›Les Fauvettes‹ in der rue Pradier in Ville d'Avray, in der Boris, sein älterer Bruder

Die Vian-Sisters: Ninon, Lélio, Alain und Boris

»Es war ein großes Haus, ein weißes Haus ...«
(*Das rote Gras*, siehe auch Seite 23ff.)

Lélio (geb. 1918), sein jüngerer Bruder Alain (geb. 1921) und seine Schwester Ninon (geb. 1924) ihre Kindheit und Jugendjahre verbrachten. Wie es sich für eine gutbürgerliche Familie gehörte, kümmerte sich ein Kindermädchen um die Erziehung, und anstatt auf eine Grundschule geschickt zu werden, genossen die Kinder das Privileg, von einer Privatlehrerin unterrichtet zu werden.

Im Alter von fünf Jahren konnte Boris Vian bereits fließend lesen und schreiben, bis zu seinem achten Geburtstag hatte er, nicht immer nur den Ratschlägen seiner Lehrerin folgend, schon einen Haufen französischer Literatur von den Anfängen bis zu Maupassant systematisch verschlungen. Seine Literaturbegeisterung ließ er sich auch nicht auf den Gymnasien in Sèvres und Versailles abgewöhnen, wo er nun sein Pflichtpensum an Griechisch und Latein paukte und außerdem großes Interesse für Mathematik, Chemie und Physik bekundete. Später auf dem Lycée Condorcet in Paris lernte er auch Deutsch; Englisch holte er nach dem Abitur privat nach, er eignete es sich mit Hilfe seiner ersten Frau Michelle Léglise, die es glänzend beherrschte, übersetzend an.

In der Villa ›Les Fauvettes‹ musizierten die Kinder und spielten Schach; es ging da recht unkonventionell, turbulent, manchmal wohl beängstigend wohlerzogen und gebildet, aber immer kunstbesessen zu. Die benachbarte Villa gehörte Jean Rostand, einem Sohn des Dramatikers Edmond Rostand (bekannt vor allem als Verfasser des Erfolgsstücks ›Cyrano de Bergerac‹), der ebenfalls Schriftsteller war und außerdem ein glänzender Biologe, mit dessen Sohn François sich Boris Vian anfreundete und den er dann, weil er zu Hause ›mon Prince‹ genannt wurde, in seinem Roman ›Drehwurm, Swing

Villa der Familie Vian in der rue Pradier in Ville d'Avray

und das Plankton‹ als Corneille Monprince portraitierte. Diesen Roman übrigens widmete Vian Jean Rostand, denn der Hausnachbar wurde sein erster entschiedener Förderer.

Die Atmosphäre im Hause Vian war ausgesprochen liberal: Man kümmerte sich nicht um Politik, war antiklerikal und pazifistisch eingestellt und bemühte sich, möglichst abgeschirmt vom feindlichen Weltgeschehen das Leben zu genießen und alle Anfechtungen von außen abzuwehren. Man hatte seine Anschauungen, aber behielt sie für sich; man hatte seine Prinzipien, aber engagierte sich nicht. Mit der Kirche wollte man nichts mehr zu tun haben, aber selbstverständlich wurden die Kinder zur Kommunion geschickt. Die Spielregeln der Gesellschaft und des Staates wurden immer beibehalten. Als das in Aktien der Firma Hévéas de Cochinchine angelegte Vermögen Paul Vians 1929 durch die Auswirkungen des New Yorker Bankkrachs verlorenging, mußte die Familie auf zunehmend sparsamem Fuße leben. Die Villa wurde an die Familie Menuhin untervermietet, während die Vians mit dem Portiershäuschen auskommen mußten, das später einige Anbauten erhielt, damit die heranwachsenden Söhne ihre eigenen Räume hatten und ihre Parties feiern konnten.

Der Einzug der Menuhins bescherte den Vian- und Rostand-Kindern einen enormen künstlerischen Auftrieb. Als Yehudi Menuhin mit seinen Schwestern Yalta und Héphzibah nach Ville d'Avray kam, konnte er bereits auf eine sechsjährige Karriere als musikalisches Wunderkind zurückblicken. Er war damals viel beneideter Besitzer einer der berühmtesten Stradivaris, der sogenannten ›Khevenhueller-Geige‹, er beherrschte praktisch die gesamte klassische

In Ville d'Avray, 1930: Yehudi Menuhin, Lélio Vian, Boris Vian, Alain Vian, Héphzibah Menuhin, Yalta Menuhin, Ninon Vian

Violin-Literatur auswendig, hatte in der New Yorker Carnegie Hall Triumphe gefeiert und war in Berlin von Albert Einstein umarmt worden. Der nun Vierzehnjährige war ein Wunderkind nicht nur des Talents, sondern der Arbeit – das erschöpfende Üben war für ihn keine Plage, sondern eine Freude, schöpferische Aktivität, die Boris Vian großen Eindruck machte. Wenn er auch wenige Jahre später eine ganz andere Art von Musik als die ihm gemäße zu entdecken begann.

In der Erinnerung erschienen Boris Vian die Kinder- und Schuljahre in den Gärten und Wäldern von Ville d'Avray sowie die Sommeraufenthalte in der Normandie wie ständige Ferien. Alle Schatten, die das Leben warf, wurden von den Kindern bewußt ferngehalten. Daß die finanzielle Lage der Familie sich zusehends verschlechterte, wurde möglichst ignoriert. Man sah tatenlos zu, zeigte keinerlei Lust, den Wert von Geld und Arbeit als Erwerbsquelle anzuerkennen. Der Vater ließ sich seine Sorgen nicht anmerken, er war immer liebenswert, freundlich und voller Humor. Seinen finanziellen Ruin trug er mit aristokratischer Würde, er blieb immer der gelassene, skeptische Bürger mit viel Geschmack und Charme, der seine Kinder vorbildlich erzog und sie Armee, Kirche und Kapital gründlich verachten lehrte.

Da Boris ein immer etwas scheuer und kränkelnder Junge war, wurde er besonders verwöhnt und geschont. Überaus penible Vorkehrungen wurden angeordnet, er durfte nur abgekochtes Wasser trinken und im Winter nicht gegen das Vermummungsgebot verstoßen. Alle Vorsicht aber bewahrte ihn nicht vor der Herzmuskellähmung als Folge einer schweren Diphtherie im Alter von fünfzehn

Boris Vian und Yehudi Menuhin beim Schachspiel, 1932

Jahren. Nunmehr bedrückte ihn zunehmend die wohlbehütete Atmosphäre im Haus der Eltern, deren Zuneigung und Sorge er um so aufdringlicher empfand, je mehr sie angebracht waren. Ein Psychoanalytiker würde sagen, Boris Vian wuchs auf in der Spannung zwischen ›Selbständigkeitswunsch‹ und ›Anklammerungstendenz‹. Er hätte sich lieber gegen sein Zuhause aufgelehnt, aber die freundliche Fürsorge und die Angst, sein Herz zu gefährden, lähmten ihn, hinderten ihn daran, genügend selbstbewußte Abwehrkräfte zu entwickeln: »Meine Eltern waren gut, das stimmt«, sagt Wolf in dem Roman ›Das rote Gras‹, »aber bei den schlechten reagiert man viel heftiger, und das ist letzten Endes nützlicher.«

In diesem Roman, dem Reflex seiner durch das Scheitern der Ehe mit Michelle Léglise ausgelösten Lebenskrise, die ihm schreibend zu bewältigen gelang, offenbarte er die glücklich-unglückliche Geschichte seiner Kindheit und Jugend ziemlich offenherzig. Er beklagte den Verschleiß durch das Leben, ohne es je in vollen Zügen genossen zu haben. Um den Weg, der seinem Ingenieur Wolf im Roman als einziger Ausweg aus dem Schlamassel bleibt, für sich verwerfen zu können, mußte Boris Vian sein ganzes Herzeleid und sein Herzleiden, mit viel Sarkasmus und bösem Witz gewürzt, unweigerlich zur Sprache bringen.

Von Herbst 1933 an war Boris Vian Schüler des Lycée Condorcet in Paris, in der Nähe des Bahnhofs Saint Lazare, von wo es eine direkte Zugverbindung nach Ville d'Avray gab. Mit siebzehn Jahren erwarb er sein Bakkalaureat in Philosophie und Mathematik. Bis zu diesem Zeitpunkt war er ein eher stiller, unauffälliger Jugendlicher, der zwar alle Streiche, Flirts und Gewohnheiten seiner Kameraden

Lehrer Chauvelot vom Lycée Hoche in Versailles mit seinen Schülern 1932, rechts sitzend: Boris Vian

mitbekam, sich selbst aber abseits hielt. Er gefiel sich in einer gewissen Überlegenheit und fühlte sich mit seiner Begabung, die ihn »ohne geringste Anstrengung« über den Durchschnitt erhob, isoliert. Seine geheimen Wünsche waren anspruchsvoller, unbescheidener und phantastischer. So half er etwa schon bei den Vorbereitungen zu den Surprise-Parties, die sein älterer Bruder zu veranstalten begann, beteiligte sich aber nicht an ihnen und träumte lieber von »imaginären Orgien«. Die meisten Kameraden hatten eine Freundin, die sie in den Ferien mit den Eltern vermißten, denn hier ging es immer »mönchisch« zu, was Boris erst im nachhinein problematisierte. Er war zu scheu, sich mit dem ersten besten Mädchen einzulassen, er tanzte nicht, sondern wartete auf die ideale Erscheinung, auf ein Mädchen, das auf ihn zukam – die große Liebe.

Später bedauerte er, in der Zeit seiner Pubertät nicht den richtigen Geschmack am Leben gehabt zu haben, und war überzeugt, in seiner Jugend etwas versäumt zu haben. Man hatte ihn falsch unterrichtet, ihn unnötigerweise geschont, ihn zu fataler Unbeweglichkeit angehalten: »Ich klage meine Lehrer an, daß sie mich durch ihren Ton und den ihrer Lippen an eine mögliche Unbeweglichkeit der Welt glauben ließen. Daß sie meine Gedanken in einem bestimmten Stadium erstarren ließen (das übrigens nicht ohne ihren Widerspruch festgelegt wurde) und daß sie mich in dem Glauben wiegten, es könne irgendwo eines Tages eine ideale Ordnung geben.«

Seine Schuljahre hatten ihn einfach nur verbraucht. Soweit sie eine Schonzeit waren, stellten sie sich als ein unwiderruflicher Irrtum heraus.

›Es war ein großes Haus‹, sagte er. ›Ein weißes Haus. Ich erinnere mich nicht mehr so genau an den Anfang, ich sehe die Gesichter der Dienstboten wieder vor mir. Morgens kroch ich oft in das Bett meiner Eltern und von Zeit zu Zeit küßten sich mein Vater und meine Mutter in meiner Gegenwart auf den Mund, und das war mir sehr unangenehm.‹

›Wie waren sie zu Ihnen?‹ fragte Monsieur Perle.

›Sie haben mich nie geschlagen‹, sagte Wolf. ›Man konnte sie nicht ärgern. Man mußte es absichtlich tun. Man mußte mogeln. Jedesmal, wenn ich gern zornig gewesen wäre, mußte ich so tun als ob, und jedesmal wählte ich so nichtige und unnütze Motive, daß es mir nicht gelang, eines zu finden.‹

Er schöpfte Atem. Monsieur Perle sagte nichts, und sein altes Gesicht war ganz faltig von Aufmerksamkeit.

›Sie hatten immer Angst um mich‹, sagte Wolf. »→

Doch spitz, am tiefsten Punkt der Leine dieses Traums,
Krallt unverzüglich sich der Haken seines Machens
An seiner Herzwand fest. Ein Blitz fällt durch das Fenster.
Und sein erschlaffter Blick, in klarer Nacht des Raums,
Folgt, Wasserstürzen gleich, im großen Spott des Lachens
Zerzaustem Reigen nach verwünschter Schulgespenster. (Jung)

Von etwa 1933 an war Boris Vians Vater gezwungen, Geld für die Familie zu verdienen, er arbeitete als Vertreter einer pharmazeutischen Firma, und von 1939 an war er Mitarbeiter einer Immobilienfirma. Sicher aus finanziellen Gründen, aber auch aus der Überzeugung heraus, die Kinder nicht zu sehr fremden Einflüssen auszusetzen, hatten die Eltern ein Interesse daran, daß die Vergnügungen, Freizeitspiele und Ferien in der häuslichen Umgebung und im Familienkreis stattfanden. Von der politischen Wirklichkeit der dreißiger Jahre drang nichts in die Gymnasien, die Boris Vian besuchte, und schon gar nichts in die Wohnidylle von Ville d'Avray. Politische Ereignisse wurden zu Hause nicht kommentiert, wahrscheinlich nicht einmal erwähnt. Daß Paris eine Stadt mit vielen aus Nazideutschland geflohenen Emigranten war, daß in Spanien ein Bürgerkrieg tobte und die Republik dort ihrer Niederlage entgegenging, nahm man nicht zur Kenntnis. »Meine Unwissenheit in Sachen Politik hat in einem unvorstellbaren Ausmaß fortgedauert bis fast zu meinem dreißigsten Lebensjahr«, vertraute Boris Vian später einem autobiographischen Protokollbuch an. 1937 wurde er, dem Beispiel seines Bruders Lélio folgend, Mitglied des Hot Club de France. Das war die erste aufrührerische, zudem seine Annäherung

›Ich konnte mich nicht zum Fenster hinauslehnen, ich durfte nicht allein die Straße überqueren, es brauchte nur ein leichter Wind aufzukommen, und schon zog man mir mein Ziegenfell an, und sommers wie winters trug ich immer meine Wollweste, es waren gelbliche, verzogene Strickwesten, die aus heimischer Wolle für uns angefertigt wurden. Meine Gesundheit war ein erschreckendes Kapitel. Bis zu meinem fünfzehnten Lebensjahr durfte ich nichts anderes trinken als abgekochtes Wasser. Aber die Feigheit meiner Eltern lag darin, daß sie sich selber nicht schonten und sich durch ihr Verhalten sich selber gegenüber in ihrem Benehmen zu mir ins Unrecht setzten. Weil sie mir immer wieder sagten, daß ich sehr anfällig sei, hatte ich schließlich selber Angst, und ich war fast froh, wenn ich im Winter schwitzend in zwölf Wollschals herumlief. Während meiner ganzen Kindheit haben es sich mein Vater und meine Mutter angelegen sein lassen, mir alles zu ersparen, was mich verletzen konnte. Moralisch empfand ich deswegen eine

➻

an das ebenso aufregende wie aufzehrende Leben fördernde Entscheidung. Und mit ihr legte er sich auch ein wenig quer gegen das übliche bürgerliche Kunst- und Musikverständnis.

War der Jazz auch eine ausschließlich amerikanische Kunstspezialität und kamen die bahnbrechenden Musiker des Jazz aus den USA, so erfolgte seine ernstzunehmende kritische Rezeption doch in Europa, und zwar vorwiegend in Frankreich oder in kulturell nach Frankreich hin orientierten Ländern. Der Welschschweizer Dirigent Ernest Ansermet schrieb 1919 die erste seriöse Würdigung der Jazzmusik, der Belgier Robert Goffin verfaßte 1929 das erste Sachbuch über Jazz, und der Franzose Hugues Panassié begründete die erste ausschließlich dem Jazz gewidmete Zeitschrift. Jener Panassié war auch der Präsident des französischen Hot Clubs, zu dessen Ehrenpräsident Louis Armstrong gewählt wurde. Satchmo besuchte 1934 Frankreich und gab ein Konzert in Nancy, weil der Hot Club sich die teuren Pariser Saalmieten nicht leisten konnte.

In den Jahren 1934 bis 1937 hatte es Boris Vian zu erstaunlicher Meisterschaft auf dem ›königlichen Instrument des Jazz‹ gebracht; seine Vorbilder waren Louis Armstrong, King Oliver, Tommy Ladnier und Bix Beiderbecke. Außer einer Trompete beschaffte er sich auch ein Kornett, das, vor allem in den älteren Jazzformen, zur Ausrüstung des vollendeten Trompeters gehörte. Die dann von Armstrong geadelte Trompete erlaubte eine bessere technische Virtuosität, sie klang fetziger, triumphaler, doch bei der klassischen Dixieland-Musik lieferte das Kornett die rauhere, härtere Note. King Oliver bevorzugte noch das Kornett. Tommy Ladnier, den sie den ›sprechen-

Paul Vian mit seinem Sohn Boris, 1935

Das Pförtnerhaus der Vians in Ville d'Avray

den Kornettisten‹ nannten, setzte erst 1928, Armstrong huldigend, die Trompete an die Stelle des Kornetts. Boris Vian versuchte, Ladnier folgend, den schweren, schleifenden Klang der King-Oliver-Tradition den aufregend betörenden Klangformen des Swing beizumischen.

Seine Probebühne war zunächst das Trio der Vian-Brüder, eine Mini-Formation, die für Jazzpuristen noch den Haken hatte, daß neben Trompete (Boris) und Schlagzeug (Alain) das dritte Instrument ein von Lélio Vian traktiertes Akkordeon war: ›Accord Jazz‹

Die erste Jazzband der Brüder Vian, 1938 in Ville d'Avray mit Alain Vian am Schlagzeug, Boris Vian (Trompete), François Missoffe (Gitarre), dem späteren Minister für Jugend und Sport, rechts Lélio Vian

unbestimmte Verlegenheit, doch mein schlaffes Fleisch freute sich heuchlerisch darüber.‹

Er lachte höhnisch.

›Eines Tages, als ich auf der Straße jungen Leuten begegnet war, die, ihren Regenmantel auf dem Arm, spazierengingen, während ich in einem dicken Wintermantel schwitzte, schämte ich mich. Als ich mich im Spiegel betrachtete, sah ich einen linkischen Tolpatsch, zugeschnürt und behütet wie ein Engerling. Als es zwei Tage später regnete, habe ich meine Jacke ausgezogen und bin aus dem Haus gegangen. Ich ließ mir viel Zeit, damit meine Mutter genügend Muße hatte, den Versuch zu unternehmen, mich zurückzuhalten. Doch ich hatte gesagt, »Ich werde ausgehen«, und ich habe es tun müssen. Und trotz dieser Angst, mich zu erkälten, die mir die Freude verleidete, meine Scham besiegt zu haben, bin ich aus dem Haus gegangen, weil ich mich schämte, daß ich Angst hatte, mich zu erkälten.‹

steht als Markenzeichen auf der Pauke, die auf einem Foto der mittlerweile schon siebenköpfigen Band in Ville d'Avray von 1937 zu sehen ist. Während Lélio nunmehr Gitarre spielte, betätigten sich André Martin oder François Rostand als Akkordeonspieler, gelegentlich gingen sie auch schon zum Klavierspiel über und versuchten, es Fats Waller gleichzutun. Auch ein Ziehharmonikaspezialist namens Pineau war gelegentlich vertreten, M. Decagny spielte Posaune, und der spätere Minister François Missoffe war mit seiner Gitarre dabei.

Ihre Instrumente ließ das jeweils mit wechselnden Partnern noch verstärkte Trio während der an den Wochenenden in Ville d'Avray üblichen Parties wüten, und mit der Zeit nahmen auch versierte Jazzkenner vom Hot Club teil: Roger Chaput, Jacques Besse, Emmanuel Soudieux, Pierre Fouad. Boris Vian war der konsequenteste Jazz-Fanatiker von allen, er machte von der vorzüglichen Diskothek Charles Delaunays reichlich Gebrauch und erwarb viele der damals angebotenen amerikanischen und die ersten, von Jacques Canetti produzierten, französischen Jazzplatten. Täglich probierte Boris Vian allein weiter, er zog sich auf den Tanzboden zurück, den sein Vater auf dem Gartengrundstück eigens für die Kinder hatte bauen lassen. Wo sonst Tischtennis gespielt, getanzt und gefetet wurde, richtete er ein imposantes Studio ein. Der Siebzehnjährige, der sein Talent für technische Basteleien entdeckt hatte, erwarb ein mit Dampf betriebenes Aufnahmegerät für Wachsplatten, so daß die Vians ihre Stücke sogar aufnehmen, abhören und überprüfen konnten.

»Evreux, an der Nationale 185 gelegen, die wir jedes Jahr benutzten, wenn wir im Wagen in die Ferien in die Normandie fuhren; in

Monsieur Perle hüstelte. ›Hm, hm‹, sagte er. ›Das ist alles sehr gut.‹

›Ist es das, was Sie mich gefragt haben?‹ sagte Wolf, der sich seiner plötzlich wieder bewußt wurde.

›Fast. Sie sehen, es ist sehr einfach, wenn man einmal anfängt. Und was ist passiert, nachdem Sie aus dem Haus gegangen sind?‹

›Es hat eine furchtbare Szene gegeben‹, sagte Wolf. ›Verhältnismäßig.‹

Er überlegte und blickte dabei in die Luft. ›Da sind mehrere deutliche Dinge‹, sagte er. ›Mein Wunsch, meine Schlaffheit zu besiegen, und das Gefühl, daß ich diese Schlaffheit meinen Eltern zu verdanken hatte, und die Neigung des Körpers, sich ganz dieser Schlaffheit zu überlassen. Es ist komisch, wissen Sie, mein Kampf gegen die bestehende Ordnung hat mit der Eitelkeit begonnen. Wenn ich mir in diesem Spiegel nicht lächerlich vorgekommen wäre ... Das Groteske meines Aussehens hat mir die Augen geöffnet.‹

(Das rote Gras)

die wahre Normandie, der hoch gelegenen, nach Cotentin. Landemer hieß der Ort. Siebzehn Einwohner. Sie besaßen dort kleine Häuschen, sie wurden alle dem Erdboden gleichgemacht, von den Deutschen. Und den Rest besorgten die Bauern der Gegend. Es war genug zum Klauen da ...

Genau achtzehn Jahre lang machten wir in der Normandie Familienurlaub, in Landemer, wie schon erwähnt. Und mit sechzehn, siebzehn Jahren hat uns das Verreisen jedes Jahr schrecklich zu schaffen gemacht. Wegen der Schulkameraden, anderswo lassen sich alle ins Rummachen mit Mädchen ein und all das.

Unsere Ferien waren einzigartig. Es ging mönchisch zu. Eine prächtige, wunderbare Landschaft. Nur keine Freundin. Kein Flirt. Das Haus, ich fand das Haus ganz toll, war aus norwegischem Holz, innen alles lackiert, außen rohfarben; das Meer, vom Balkon aus zu sehen, der ums ganze Haus herum ging, ein Hügel in Form eines schiefen Proszeniums aus dunklem Farn. Links das Hotel Millet, der andere Hügel; ein offenes V, wenn man will, mit dem Meer inmitten des V, auf der Meerseite; auf der Landseite Bäume, ein herrlicher Winkel, wirklich; nie mehr hab ich's gewagt, dorthin zurückzukehren. Ich bin stinksauer, sie haben alles dem Erdboden gleichgemacht, wie ein kleines Kind werde ich heulen. Ich werde darüber Tonnen von Papier beschreiben; doch Mädchen, so eine Schweinerei, gab es keine. Nichts taut die Jungens und die Mädchen besser auf als gemeinsame Ferien. Ach, sieh da, du hattest es bitter nötig, aufgetaut zu werden? Ja, ich hatte das nötig ...«

»In der guten alten heroischen Zeit des Jazz
War der Text eines Lieds ziemlich schnuppe
Wichtig war, daß der Rhythmus saß
Was Verrücktes halt, dann blieb kein Haar in der Suppe.«
Boris Vian

Im Sommer 1939 verbrachte die Familie Vian zum letzten Mal gemeinsam die Ferien in Landemer. Als die deutschen Truppen dann Frankreich besetzten, wurde das hübsche Haus aus mächtigem schwarzem Balkenwerk und weißgekalkten Wänden, von dem man einen herrlichen Ausblick aufs Meer hatte, zu einem festungsähnlichen Stützpunkt umgebaut, der später umkämpft und zerstört wurde. Den Ort an der Kanalküste hatte der junge Boris sehr gern, und er blieb ihm stets in guter Erinnerung, auch wenn er ihn in seinem Roman ›Der Herzausreißer‹ zum beklemmend idyllischen Schauplatz der Erziehung von drei Kindern machte, die der Schutzbesessenheit ihrer neurotisch fürsorglichen Mutter ausgeliefert sind.

Nachdem er ohne größere Anstrengungen die Aufnahmeprüfung für die École Centrale des Arts et des Manufactures bestanden hatte, durfte Boris Vian 1939 zunächst mit seinem Schulfreund Zizi Spinard in die Ferien nach Saint-Jean-de-Monts fahren. Dessen Eltern wollten erst später nachkommen. Im nahen Croix-de-Vie hielt sich auch schon die Freundin auf, mit der Boris sich kurz zuvor verlobt hatte. Eine günstige Gelegenheit, endlich nicht mehr nur Beobachter, sondern auch »Akteur« bei den zu arrangierenden Surprise-Parties zu sein, die er voll auskosten wollte. Damals, während die Nazis sich anschickten, in Polen einzumarschieren, genoß Boris Vian das Gefühl unerwarteter Freiheit, als er nach nächtlicher Zugfahrt frühmorgens am Ziel war und erstmals Atlantikluft atmete:

»Orgiastische Visionen. Ich packe die Gelegenheit beim Schopf. Zehn Tage ... Eine Ewigkeit. Und Monette ganz in der Nähe ... Ich bin nie hier am Ozean gewesen. Tolle Luft. Warten auf die Klein-

Am Strand in Landemer: Boris, Lélio, Ninon und Alain Vian

bahn, die es inzwischen nicht mehr gibt. Aber das Lied in der Bahn quer durchs Marais der Vendée ist unvergänglich. Es ist eine Empfindung von Paradies, die ich noch immer habe. Die Misthaufen, die Wassergräben in der dunklen Erde. Ganz flach der graue Meereshorizont ... Sechs Uhr morgens. So früh auf zu sein bereitet immer eine bestimmte Art von Erobererfreude.«

Den beiden jungen Abenteurern stand ein kleines Haus an einem Dünenstrand mit schattenspendenden Kiefern zur Verfügung; sie hatten auch etwas Geld, so daß es ihnen nicht schwerfiel, mit der Ankündigung, für Essen, Getränke und flotte Musik sei gesorgt, die nötigen attraktiven Gäste zu finden. Boris Vian notierte später: »Gleich am Nachmittag wird eine Surprise-Party organisiert. Der Zizi nimmt sein Fahrrad, er fährt los, einen Plattenspieler aufzutreiben, er kommt wieder und fällt auf die Fresse, als er eine Spartanerin auf die Querstange nimmt, zwei Zähne raus, die Visage zerschlagen. Ich bringe ihn zu Bett. Alles im Eimer. Das Essen wurde dennoch weggeputzt. Ich war schrecklich sauer; die Sache hatte sich nämlich schon gut angelassen, in der Küche hatte ich ein Mädchen mit Beschlag belegt und die Hand unentwegt in ihren Shorts, pfui, sie küßte mich zwar heiß, doch meine Hand wehrte sie ab; danach habe ich mir dann den Mund mit Alkohol ausgespült. Sie riß aber auch ihren Mund so sperrangelweit auf.

Monette, du faselst, daß ich mich geschämt habe. Ich aber war trotz allem scharf. Für Monette war es offenbar der Alkohol ... Ich hätte es trotz allem aber wieder getan. Wenn dieser Unfall nicht dazwischengekommen wäre, hätte ich der Brünetten (sie war braun) ein Kind gemacht, und ich sage, daß ich ihr ein Kind ge-

Boris Vian auf dem Dach des Ferienhauses in Landemer, 1936

»Einen Augenblick lang tauchte das *Haus* in voller Größe zwischen zwei Granitzacken auf, die durch die Erosion die Form von Schnullern angenommen hatten und den Pfad wie die Säulen eines riesigen Portals flankierten ... Es stand ziemlich weitab vom Steilhang, ganz hoch oben. Als er zwischen den beiden finsteren Blöcken hervorkam, sah er es deutlich vor sich, sehr weiß und umstanden von eigenartigen Bäumen.«

(Der Herzausreißer)

macht hätte, weil es so ist und weil es so gekommen wäre. Ich hatte von nichts eine Ahnung, nur in der Theorie, und Theorie ist wenig. Es hätte dem Faß den Boden ausgeschlagen. Und es wäre ein Andenken gewesen, das mich verlegen gemacht hätte, wenn es eingetroffen wäre. Die Mädchen liebe ich trotz allem mehr als das.

Monette habe ich ein oder zwei Tage später gesehen. Sie ging mir auf den Geist während dieser Ferien. Sie hatte einen Freund mit Auto und versuchte mich mit ihm ein bißchen in Rage zu bringen. Wir schikanierten uns. Zwischen uns waren Welten. Ich habe jede Menge Blödsinn mit einer Bande lustiger Kumpels getrieben. Ich riß mich am Riemen. Danach fuhr ich zu meinen Eltern in die Normandie, zu meinen Brüdern. Acht Tage noch, und dann brach der Krieg aus.«

»Erlernen Sie die Sprache des Jazz;
das ist wesentlich leichter als Chinesisch,
und es wird Ihnen ungeahnte Wonnen bereiten.«
Boris Vian

Der Student der Technischen Hochschule

»Die schnelle Entwicklung des Jazz wird Sie unmerklich
von der frischen und natürlichen Musik der Paraden
und Marschkapellen zu den raffiniertesten Versuchen
der derzeitigen Arrangeure führen ...
Es wäre nicht das erste Mal, daß die ›Wilden‹
den ›Zivilisierten‹ eine Lektion erteilt hätten.«

Boris Vian

Boris Vian, 1937

DEN KRIEG FÜHREN ANDERE

»Verehrter Präsident
Das werde ich nicht machen
Das wäre ja zum Lachen
Ich hab kein Kriegstalent.«

Boris Vian

Boris Vian, 1957

»Tanzen Sie mit mir?«
Sie antwortete: »Aber ja ...«
»Tanzen Sie gern, Mademoiselle?«
»Oh ja!«, antwortete Zizanie.
»Tanzen Sie oft?«
»Äh ... Ja«, antwortete Zizanie.
»Was tanzen Sie am liebsten? Swing?«
»Oh ja!« antwortete Zizanie.
(Drehwurm, Swing und das Plankton)

Am 6. November 1939 begann Boris Vian sein Ingenieurstudium in Angoulême, wohin die École Centrale der Kriegsereignisse wegen verlegt worden war. Das Ende seines ersten Studienjahres fiel zeitlich mit der Kapitulation der französischen Armee zusammen, in der Boris Vian nicht dienen mußte, weil er seiner Herzkrankheit wegen vom Militärdienst befreit worden war. Der Unterricht in Angoulême fand im noch unfertigen Bau der neuen Stadtbibliothek statt, und den Studenten wurden ihre Unterkünfte angewiesen. Gegen die winterliche Kälte und Nässe half nur der Alkohol, dem Boris und seine Pariser Freunde zur Beförderung ihrer Arbeitsmoral in der Océanic-Bar kräftig zusprachen. In einem Zimmer über dieser Bar war der kleine Alfredo Jabès einquartiert, ein immer zu Späßen aufgelegter, cleverer Ingenieursanwärter italienischer Abstammung. Er war Jude und hatte allen Grund, auf der Hut zu sein und nicht die Gelegenheit zu verpassen, sich noch rechtzeitig vor den Nazis in Sicherheit zu bringen.

Durch Alfredo Jabès, mit dem er einige Studienprojekte gemeinsam ausführte, sah sich Boris Vian erstmals gezwungen, auch die politische Wirklichkeit wahrzunehmen und sich »einen Reim« auf bestimmte Geschehnisse zu machen. Nach dem Waffenstillstand der Regierung Pétain/Laval mit Nazideutschland, der Frankreich in

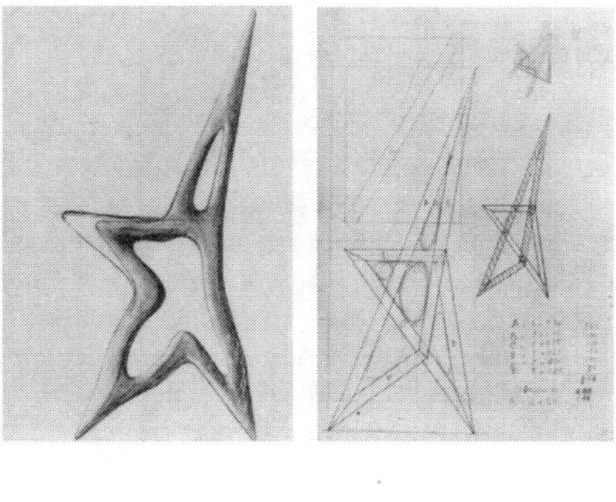

Zirkelzeichnungen von Boris Vian

ein besetztes, dem deutschen Botschafter Otto Abetz unterstelltes Gebiet (mit der Hauptstadt Paris) und ein unbesetztes Gebiet (mit der Hauptstadt Vichy) aufteilte, wurde die École Centrale nach Paris zurückverlegt, wo das zweite Studienjahr ganz »normal« am 28. Oktober 1940 begann. Wieder in Paris zu sein hatte für Boris den Vorteil, daß er und seine Freunde hier leichter als in einer Provinzstadt ihrem Amerikanismus und ihrer Jazzleidenschaft frönen konnten, ohne auf empörte Ablehnung zu stoßen oder mißtrauisch überwacht zu werden. Sie nannten sich »Zazous« und sabotierten mit ihrem provozierenden Gehabe die opportunistische Vichy-Gesinnung ihrer bürgerlichen Eltern, deren tadellose ›Reputation‹ allerdings die sorglose Unbotmäßigkeit der jungen Leute absicherte.

Nach dreijährigem Studium verließ Boris Vian die École Centrale am 26.6.1942 mit dem Abschlußdiplom in Metallurgie. Eine mit den Prüfungskandidaten Demaux, Jabès und Jones 1941 gemeinsam verfaßte und öffentlich vorgelegte Arbeit Vians von 160 Seiten, illustriert mit Graphiken und technischen Zeichnungen, handelte von der »Physikochemie metallurgischer Produkte«. Das Vorwort, beginnend mit den Worten »in alten Zeiten lebten da vier Musterschüler«, hatte Boris in altfranzösischen Alexandrinern abgefaßt, und auch das Motto dieser Kollektivarbeit künftiger Ingenieure, ein Zitat aus ›Der Garten des Epikur‹ von Anatole France, entsprach der Berufsauffassung des der Poesie verschworenen Wissensabenteurers: »Ein einziger schöner Vers hat mehr Gutes gestiftet in der Welt als alle Meisterwerke der Metallurgie.«

Zu den interessanten Projekten, mit denen sich Boris Vian im Rahmen seines Studiums befaßte, gehörten außerdem der Entwurf

Paul Léautaud
Aus dem Tagebuch eines in Paris gebliebenen Schriftstellers

13.6.1940 Während meines gesamten Hin- und Rückweges war Paris völlig verlassen. Das richtige Wort ist: leer. Die Geschäfte geschlossen. Selten einmal ein Fußgänger. Die rue de Châteaudun eine Wüste. Das Viertel um die Oper, die avenue de l'Opéra desgleichen. Die Türen aller Wohnhäuser geschlossen. Auf dem Rückweg bin ich auf der place de l'Opéra eine Weile stehengeblieben. Die großen Boulevards in Richtung Madeleine, nach der anderen Seite bis zur Biegung der rue Drouot – so weit reichte mein Blick – völlig verlassen, alle Geschäfte geschlossen. Und eine Stille! Eine große Allee in der Provinz ohne einen einzigen Fußgänger. Vom Himmel fiel etwas wie Ruß, der an Gesicht und Händen haftete. Anscheinend die Erdöllager in Grand-Quevilly, die brennen.

➳

eines Speichers für eine Verdunstungsmenge, der Entwurf einer Drehpuppe, der Entwurf einer einspurigen Eisenbahnbrücke aus Stahl und der Entwurf einer Betriebskantine, in der zum Beispiel die WC-Entlüftung »durch einen durchlöcherten Rost in der Trennwand zum Baderaum erfolgt, der eine Deckenentlüftung hat«.

Als 1940 die Naziarmee schon die ganze nord- und westfranzösische Küste besetzt hatte und sich anschickte, Paris zu erobern, flohen die Vians mit ihren Kindern wie viele Großbürgerfamilien in den Süden des Landes, zunächst in die Nähe von Bordeaux, wo der Vater noch ein erst zum Teil verkauftes Haus mit Garten hatte, und dann nach Capbreton, einem exklusiven Badeort, wo der Taufpate von Boris ein Ferienhaus besaß. In der Nähe von Toulouse, in Venerque, hielt sich nunmehr seine von ihm nur begehrte, nicht wirklich geliebte Braut Monette auf, die Boris damals, wie es schien, ein letztes Mal besuchen wollte, und er erinnerte sich später nicht mehr genau, ob er vorher oder nachher in Lourdes ausgestiegen war, um sie der ewigen Obhut ihres Vaters anzuempfehlen, damit er sie weiterhin vor allzu unkeuschen Blicken abschirme.

Seit Mitte Juni 1940 lebte auch die aus Paris geflüchtete Familie Léglise in Capbreton: Vater Léglise hatte sich unlängst von der geschlagenen französischen Armee nach Süden absetzen können, und Madame Léglise kam mit ihren Kindern Michelle (die jetzt in Bayonne ihre Abiturprüfung ablegte), Claude und dem kleinen Jean-Alain nach, der in den ersten Tagen beim Baden ertrank. Alain Vian, der sich am Strand als Harmonikaspieler betätigte, schloß eines Tages Bekanntschaft mit Claude Léglise, und so lernten sich kurz darauf auch Boris und Michelle Léglise kennen. Vorerst allerdings

Sommer 1940 in Capbreton:
2. von links Boris Vian,
rechts Ninon Vian

blieb sein Bruder Alain Michelles Verehrer, denn Boris schien noch seiner Monette in Venerque treu bleiben zu wollen und beschränkte sich darauf, bei den Ende Juli fast täglich veranstalteten Surprise-Parties in Capbreton als Trompeter in Erscheinung zu treten.

Ständiger Gast dieser Parties war auch der exzentrische Sohn des Bürgermeisters von Saint-Martin-de-Seignanx, einem Dorf in der Nähe von Capbreton, der allgemein der ›Major‹ genannt wurde, denn er pflegte sich scherzhaft als »der aus Indien glücklich zurückgekehrte Major« vorzustellen, und als ›der Major‹ agierte er dann auch in vielen Romanen und Erzählungen von Boris Vian. Dieser Major, der ein ungewöhnliches Betragen an den Tag legte, hieß Jacques Loustalot. Er war erst fünfzehn Jahre alt, obwohl er wie zwanzig wirkte, trank sehr viel, war ein Liebhaber des Jazz und ein furioser Tänzer. Eine durchtriebene Höflichkeit zeichnete ihn ebenso aus wie verschwenderische Nonchalance. Er gab einer Dame Feuer und warf das kostbare Feuerzeug nach Gebrauch weg. Körperlich wirkte er ein wenig unterernährt, aber er war flink, behende und ständig auf dem Sprung. Boris Vian war vom ersten Moment ihres Zusammentreffens von diesem wunderbaren Gaukler beeindruckt, und die beiden schlossen Freundschaft. Vom Juli 1940 an bis zu seinem frühen Tod Anfang 1948 war Jacques Loustalot sein unzertrennlicher Freund, sein Double, Vorbild und Spiegel. Er bewunderte dessen Leichtsinn, schlagfertigen Witz und aufgedrehte Verspieltheit, und er lernte die Welt mit den Augen des Majors zu sehen – oder besser: mit *dem* Auge des Majors, denn er hatte nur eins und liebte es, die Leute zu unterhalten, indem er sein Glasauge mit einer Nadel traktierte und mit dem allgemeinen Entsetzen Scherze trieb.

20.6.1940 Die guten Umgangsformen der Deutschen, ihre Höflichkeit, ihr anständiges Auftreten, ihre Äußerungen zu den Flüchtlingen tun bereits ihre Wirkung. Von manchen Leuten wird das alles hochgepriesen. Man hatte uns erzählt, sie seien so furchtbar! Aber sie sind ganz in Ordnung. Einfaltspinsel! Immer ist der Franzose leichtgläubig und sieht nicht weiter als bis zu dem, was er liest, sieht oder hört. Wenn die Lage sich änderte, würden diese Leute sich schön umgucken!

12.7.1940 Der Polizeiinspektor erzählt, in vielen Bordellen hätten sich die Frauen lieber davongemacht, als den deutschen Soldaten zu Diensten zu sein. Es mußte Ersatz gesucht werden.

➻

1943, nach seinem 18. Geburtstag, als er kurz in seinem Heimatort auftauchte, gelang es Bürgermeister Loustalot, seinen Sohn, dessen Streiche und Rumtreibereien in Paris er satt hatte, an die Kette zu legen. Er verdonnerte ihn als Büroangestellten in ein Jugendheim im Lager von Corbiac. Nach Paris schrieb der Unverbesserliche: »Ich bin ein bißchen traurig. Nicht zu sehr! Aber doch ein bißchen allein. Ich trinke mit Kumpels acht Weißwein, vier Wermut und zwei Pernods. Das macht Spaß. Und kurz darauf ist alles geritzt und lustig ... Ich bin im Lager von Corbiac. Mein Vater ist ›Major‹ des Lagers. Also nennt man mich den ›Sohn des Majors‹, und davon bin ich in jeder Hinsicht bezaubert.«

Beförderung nach oben sollte den mißratenen Sohn zur Raison bringen. Der Major willigte schließlich in die Pläne seines Vaters ein, um aus dem Lager herauszukommen, und fuhr im März 1944 nach Vichy, wo sein Onkel als General »herumstolzierte«. Ein Job als Übertragungstechniker (dem die Überprüfung von Lautsprechern oblag) ließ ihm wieder genügend freie Zeit zu Ausflügen nach Paris; es waren die Wochen vor dem Ende der Vichy-Regierung und dem Abrücken der Deutschen aus der Hauptstadt.

Anfang August 1940 kehrten die Vians aus Capbreton nach Ville d'Avray zurück. Deutsche Wehrmachtsangehörige in ihren graugrünen Uniformen paradierten durch die Straßen, neue Verkehrsschilder, die in deutscher Sprache den Militärs den Weg zur Kommandantur anzeigten, waren angebracht worden, und hier und da wehte eine Hakenkreuzfahne am Gartentor. Das Land hatte seine Autonomie und Integrität verloren, die neuen Herren zeigten sich aber nach dem von Pétain unterzeichneten Waffenstillstand ge-

1940 in Capbreton:
Michelle Léglise,
Boris Vian und der ›Major‹
Jacques Loustalot

genüber der Zivilbevölkerung möglichst von ihrer besten Seite. Besonders in den illustren Wohnorten wurde auf Manieren Wert gelegt. Einquartierungen wurden mit vorsichtiger Zurückhaltung und nach Absprache mit französischen Stellen angeordnet. In Paris machten sich keine Barbaren breit, sondern hier besorgten frankophile Kulturbotschafter und langjährige Frankreichkenner das von den Nazis geschickt in die Wege geleitete Geschäft einer ›deutsch-französischen Annäherung‹. General de Gaulles Londoner Appell an seine Landsleute, der als Aufforderung zum Widerstand gedacht war – »Frankreich hat eine Schlacht verloren, aber nicht den Krieg ...« –, sollte rein pazifistisch aufgefaßt, als eine Beruhigungsspritze empfunden werden. So wie Hauptmann Ernst Jünger, der hoch zu Roß in Paris einritt, sollte jeder Franzose bei der Rückkehr sagen können: »Die Stadt ist wie ein altvertrauter Garten, der nun verödet liegt und in dem man dennoch Weg und Steg erkennt.« Die Gärten wieder zu bestellen war man aufgefordert – ausgenommen Juden, Kommunisten, Zigeuner und Freimaurer. Sie ausfindig zu machen bauten Naziagenten ein wirkungsvolles Spitzelsystem auf.

Paul Vian schärfte seinen Söhnen Vorsicht ein, politische Verschwörer waren sie ohnehin nicht. Hauptsache war, man konnte Jazz spielen, hören und in Bars tanzen. Das Leben ging einfach weiter. Surprise-Parties feierte man nun erst recht. Auch die Familie Léglise lebte wieder in Paris. Alain Vian traf Michelle Léglise im Tanzclub ›Pam Pam‹ und brachte sie mit nach Ville d'Avray. Es ergab sich, daß sich hier nun Boris ihrer annahm und fortan ihr Begleiter im ›Pam Pam‹ war. Michelle erwies sich als talentierte Übersetzerin der Texte ameri-

25.8.1940 Die ganze Nacht haben uns deutsche Bomber überflogen – in Villacoublay scheint ein Stützpunkt zu sein –, die dem tiefen Motorenlärm nach zu urteilen schwer beladen waren. Sicherlich waren sie nach England unterwegs, um dort ihre Arbeit zu verrichten. In England starten vermutlich ebenso schwer beladene Bomber, um dieselbe Arbeit über Deutschland zu verrichten. Wenn man das vom Standpunkt der reinen Vernunft aus betrachtet, dann gibt es nur ein Wort: menschliche Dummheit. Die groteske Seite der Angelegenheit: Eines Tages tauscht man Botschafter aus, lädt sich gegenseitig zur Teilnahme an Ausstellungen ein, und das, nachdem man einander hat ausrotten wollen. Dafür soll man sich nun begeistern!

»

kanischer Jazzhits, und sehr bald fand sie sich täglich nach Vorlesungsschluß an der École Centrale ein, um Boris abzuholen und zum Bahnhof Saint-Lazare zu begleiten. Im Juni 1941 feierten sie Verlobung, und einen Monat später heirateten sie. Einige Wochen durften sie die kleine Atelierwohnung des Zeichners Alain Saint-Ogan benutzen, dann fanden sie sich wieder in Ville d'Avray ein. Im April 1942 wurde ihr Sohn Patrick geboren. Dem jungen Ehepaar fehlte es an Geld, an einer eigenen Wohnung und an Talent zur Rolle fürsorglicher Eltern. Boris Vian stand kurz vor seinem Ingenieursexamen, das er im Juli bestand, er bewarb sich sofort bei mehreren Firmen und wurde schließlich, nach einer Probezeit von drei Monaten, bei der Association Française de Normalisation (AFNOR) fest angestellt.

Da Michelles Vater inzwischen verhaftet und in ein Lager nach Deutschland deportiert worden war, zog das Ehepaar mit dem kleinen Patrick im Herbst 1942 in die Wohnung der Familie Léglise, 98 rue du Faubourg Poissonnière, von wo auch das Büro für Boris leichter zu erreichen war. Daß er nun in einem Zimmer mit spießigem Mobiliar und scheußlichen Tapetenmustern leben mußte, störte ihn immer dann, wenn er auf die Idee kam, sich dort erholen zu wollen; ansonsten bereitete ihm eine volle Bude mit Musik und Gästen keine die Phantasie lähmenden Probleme. Die Wochenenden und Feiertage verbrachte man wie gewohnt in Ville d'Avray, was aber zunehmend schwieriger wurde, da einerseits die Deutschen Ausgangssperren zu verhängen begannen, andererseits Résistanceanhänger Sabotageanschläge auf die Gleisanlagen verübten.

Offiziell war den Nazis an einem Verbot des ›Nigger-Jazz‹ gelegen. Doch selbst in den Berliner Tanzlokalen wurde weiterhin geswingt;

Boris Vian und sein Freund Jacques Loustalot (Antioche und der Major)

Am 5.7.1941 heiraten Boris Vian und Michelle Léglise in der Kirche Saint-Vincent-de-Paul in Paris

13.9.1940 Die Deutschen haben den Krieg nicht nur militärisch, politisch und wirtschaftlich, sondern sozusagen auch geistig vorbereitet. Sie sind, und zwar mit Beweisen in der Hand, über alles auf dem laufenden, was seit zwanzig Jahren in Frankreich für oder gegen sie geschrieben worden ist, und das in allen Gattungen: Dramen, Bücher, Zeitschriften, Zeitungen, sie haben es in Bibliotheken, Archiven und Zetteln erfaßt. Man ist versucht zu sagen, daß sie, wenn sie so vorgearbeitet, soviel Intelligenz für Organisation und Vorbereitung entfaltet haben, eigentlich den Sieg verdient hätten ... über andere, die an nichts anderes gedacht haben, als sich zu amüsieren, zu faulenzen, sich zu betrinken oder Schuftigkeiten zu begehen.

drohte eine Razzia, wurden die Musiker rechtzeitig gewarnt. Jazzkonzerte in Paris wurden nicht nur toleriert, oft gehörten sogar Angehörige der Besatzerarmee zum Publikum. So mancher Offizier der Wehrmacht hatte weniger Vorurteile gegenüber schwarzen Musikern als ein französischer Durchschnittsbürger. Es war nicht ungewöhnlich, daß sich ein aus dem Kamerun stammender Musiker bei den deutschen Behörden über den Inhaber eines Pariser Lokals beschwerte, weil er ihm und seiner Jazzband die Arbeit verweigerte. Ein Nazioffizier setzte dann die Auftrittserlaubnis durch. Der betroffene Bandleader bezeugte später: »Und ich kann sagen, wir hatten keinerlei Probleme, im Gegenteil, die Deutschen waren glücklich, uns zu hören. Sie applaudierten uns. Wir hatten eine Sondergenehmigung, Jazz zu spielen. Wäre das illegal gewesen, hätten die Behörden den deutschen Soldaten verboten hinzugehen. Wir hatten gute Beziehungen. Natürlich sprachen wir nie über Politik; nur über Musik oder über das Wetter.«

Al Lirvat, ein schwarzer Posaunist aus Guadeloupe, der in Frankreich lebte, gab folgende Auskunft, als man ihm ein Foto vorlegte, auf dem er neben einem uniformierten deutschen Offizier der Wehrmacht zu sehen war: »Ich kannte viele deutsche Musiker und Fans, die vor dem Krieg in Paris waren. Sie sprachen Französisch. Im Krieg kamen sie als Soldaten wieder. Wir tranken zusammen in den Cafés. Wir hatten französische Pässe. Niemand versuchte, uns in die Lager zu schicken. Ich bekam nie Rassismus zu spüren. Ich kannte niemanden, der Schwierigkeiten hatte, weil er schwarz war. An ein Café kann ich mich erinnern, mit einer Tafel ›Keine Juden und Nigger‹ im Fenster, aber die hatten die Franzosen hingehängt. Die Fran-

»Antioche machte ein nachdenkliches Gesicht.
›Hör zu‹, sagte er, ›ich habe nicht die Absicht, dich Dummheiten begehen zu lassen. Ich werde mich heute ein wenig mit ihr beschäftigen und dann werde ich dir sagen, ob sie etwas für dich ist.‹
›Du bist wirklich ein guter Freund‹ sagte der Major.«
(Drehwurm, Swing und das Plankton)

zosen waren den Schwarzen gegenüber viel rassistischer als die Deutschen.« (Zitiert in Mike Zwerin, *La Tristesse de Saint Louis: Swing unter den Nazis.*)

Unter den Nazis gab es ausgesprochene Jazzfans. So war der Offizier Dietrich Schulz-Koehn mit dem Generalsekretär des Hot Club de France befreundet, dem er seit 1935 angehörte. Vor Kriegsausbruch hatte Schulz-Koehn für die Firma Telefunken gearbeitet, im besetzten Frankreich überwachte er nun die Auslandsproduktionen von Jazzplatten für Electrola, Deutsche Grammophon und Brunswick. Er schrieb Artikel unter dem Pseudonym ›Swing Doc‹, für Rundfunkstationen stellte er Jazzsendungen zusammen, und gelegentlich hielt er Vorträge. Während oben Nazitrupps patrouillierten, spielten unten in den Kellerbars von Paris Jazzbands, und unter den Zuhörern saß Dietrich Schulz-Koehn mit seinen Leuten, sie spendeten begeistert Beifall, trampelten mit den Füßen. Gelegentlich erschienen Gestapomänner an den Türen und gaben die Order: »Jam Sessions sind verboten!«

In Lyon hatte 1941 Claude Abadie, Student am Polytechnikum und begeisterter Klarinettenspieler, das ›Quintett Hot Club 41‹ begründet, den Vorläufer einer kleinen Jazzband, die er mit dem Schlagzeuger Claude Léon im Oktober 1941 in Paris erstmals auf die Beine stellte. Diese Band nahm 1942 an einem Wettbewerb für Amateurjazzer in der Salle Pleyel teil, den die Zeitschrift ›Vedettes‹ arrangiert hatte. Die Jury, der Django Reinhardt, Michel Warlop, Hubert Rostaing und Noël Chiboust angehörten, verlieh bei dieser Gelegenheit den Großen Preis des Hot Club de France an das Orchester Abadie, um nicht zuletzt zu dokumentieren, daß inzwischen Ama-

14.10.1940 Besuch von Paulhan, der aus dem nichtbesetzten Teil Frankreichs zurückgekehrt ist. Gallimard ist dort geblieben. Er lehnt es ab, Bücher unter deutscher Kontrolle zu verlegen, was, wie Paulhan zu mir meint, »albern … und sehr sympathisch« ist. Ich erwidere: »Vor allem sympathisch.« Ich frage ihn nach der ›Nouvelle Revue Française‹. Sie wird hier tatsächlich unter der Leitung von Drieu La Rochelle wiedererscheinen.

6.11.1940 Paulhan wird vermutlich bei der ›Nouvelle Revue Française‹ bleiben, um sich des Buchverlags anzunehmen. Gallimard ist nach Paris zurückgekehrt. Wie er mir erzählt, ist Drieu La Rochelle eher ein schüchterner, sehr aufrechter und offenherziger junger Mann. Antisemitisch eingestellt war er schon vor dem Krieg. Bei der Zeitschrift wird es keine Juden mehr geben.

»→

teure die wahren Traditionen des Jazz ernster nahmen als so manche professionellen Formationen, die sich des Geldes wegen als bloße Tanzmusiklieferanten betätigten. Amateure wie Abadie und die Gebrüder Vian übernahmen es, den wahren Jazz im besetzten Frankreich zu behaupten. Alain Vian, der im ›Trio Abadie‹ Schlagzeuger war, brachte im März Claude Abadie mit nach Ville d'Avray hinaus und machte ihn mit seinen Brüdern Lélio und Boris bekannt. In den folgenden Wochen probierte man zweimal wöchentlich, um künftig als ›Orchester Abadie-Vian‹ in der Jazzszene Furore zu machen. Den ersten größeren Auftritt hatte die Band – zu der außer Abadie und den Vians noch Jackie Daubois am Klavier und Édouard Lassal am Violoncello gehörten – beim 6. Amateurtreffen am 3.1.1943. Das Urteil des Kritikers von ›Jazz Hot‹, der Zeitschrift des Hot Club de France, fiel dieses Mal noch negativ aus: Entweder mißfiel ihm der Bill-Coleman-Stil, dem das Orchester sich verschrieben hatte, oder die Musiker hatten einen ausgesprochen schlechten Tag. Beim 7. Amateurtreffen am 2.1.1944 hinterließ das Orchester hingegen einen »ausgezeichneten« Eindruck; Vorbehalte meldete der Kritiker lediglich gegenüber einem ausländischen Titel an. Vom französischen Jazz hielt Boris Vian damals nicht allzuviel. Anläßlich einer gemeinsamen Aufnahme in einem privaten Studio in der avenue Raymond-Poincaré notierte er über seine Kollegen Claude Luter, Jean Gruyer, Guy Colson, Johnny Sabrou und Emmanuel Jude: »Diese Ochsen haben kein Repertoire.« Das Spiel von Hubert Rostaing und Eddie Barclay bei einem Konzert am 29.1.1944 in der rue Mansart, an dem auch das Orchester Abadie teilnahm, fand er »beschissen«. »Es gibt keinen Jazz in Frankreich mehr«, lautete

Das Orchester Abadie-Vian, 1943: Alain Vian (Schlagzeug), Lélio Vian (Gitarre), Boris Vian (Trompete), Jacques Daubois (Klavier), Claude Abadie (Klarinette) und Édouard Lassal (Kontrabaß)

jeweils die Schlußzeile der Strophen eines Gedichts, das Boris Vian im März 1944 in ›Jazz Hot‹ als Beitrag zu einer Umfrage über die Situation des Jazz in Frankreich publizierte. Beim 8. Amateurtreffen am 24.12.1944 siegte das Orchester Paul Vernon, obwohl die Mehrheit des Publikums Claude Abadie und den Vians zugejubelt hatte.

Auch der Schriftsteller Boris Vian sollte nun zu seinem Recht kommen: Außer Gedichten und Filmskizzen schrieb er neben seiner Tätigkeit im Ingenieurbüro an den Tagen, die nicht mit Jazzaktivitäten ausgefüllt waren, während der Jahre 1942 bis 1944 zwei Romane: ›Aufruhr in den Andennen‹ und ›Drehwurm, Swing und das Plankton‹. Beide huldigten den Verrücktheiten aufgedrehter, musikbegeisterter Party-Teilnehmer, unter denen das Freundespaar Antioche Tambrétambre und ›der Major‹ herausragte – niemand anders als Boris Vian und Jacques Loustalot. Der erste Roman war eine bunte Mischung aus Abenteuern und Situationen, wie sie in französischen Trivialromanen der Jahrhundertwende oder den Kriminalromanen eines James Hadley Chase geschildert sind, der zweite trieb seinen Jux mit Liebe, Jazz und Alkohol und mischte das Milieu der Planungsbüros mit dem der Jazzfeste:

»›Kommt und trinkt erst mal einen Schluck, bevor ihr spielt!‹ schlug der Major vor.

›Das wird nicht abgeschlagen!‹ stimmte der Chef zu.

Während seine Kollegen tranken, nahm Gruyer mit geilen Augen hinter seiner Brille und zerzauster Mähne wieder Kontakt mit einer Medizinstudentin auf, die er mehr oder weniger kannte. Seine Nase bebte, und sein Hosenlatz wurde verführerisch.

16.12.1940 Heute wieder Trara im ›Matin‹. »Das Herz ganz Frankreichs hat gestern im Invalidendom geschlagen. 30.000 Pariser sind am Sarkophag des Königs von Rom vorbeigezogen.« Müssen die Franzosen, zumindest die Pariser, dumm sein! Würde man ihnen kostenloses Kino schenken, vergäßen sie vollständig die augenblicklichen Mißstände, alles, was Frankreich widerfahren ist. Hitler ist entschieden ein starker Mann! Er kennt uns, kennt unsere Schwächen und weiß, daß wir mit einem Nichts vorliebnehmen.

25.5.1941 Es heißt, die Juden würden demnächst gezwungen, eine Armbinde zu tragen, die sie von der übrigen Bevölkerung unterscheiden soll.

Die Stimme seines Chefs hielt ihn auf dem seifenglitschigen Abhang des Lasters auf, und der Lärm nahm Gestalt an.

Innerhalb von zehn Minuten hatte der Major in ausgedörrte Schlünde etwa hundert Liter brennender Getränke gegossen.

Abadie spielte seinen großen Erfolg: *On est sur les roses.* Die Freude der Jazzfans erreichte ihren Höhepunkt. Ihre Beine verdrehten sich wie gabelförmige Okarinas, während die Holzsohlen kraftvoll diesen quadritemporellen Rhythmus skandierten, der die eigentliche Seele der Negermusik ist, wie André Coeuroy sagen würde, der sich in der Musik ungefähr so auskennt wie der Zöllner Rousseau in der Geschichte. Das heimtückische Gejohle der Posaune gab den Tollereien der Tänzer einen quasi sexuellen Charakter und schien dem Schlund eines schlüpfrigen Stiers zu entspringen. Die Schamberge rieben sich kräftig, sicherlich, um diese haarigen Auswüchse abzuwetzen, die beim Kratzen stören und in denen sich Nahrungsteilchen verkrümeln können, was schmutzig ist. Voller Anmut stand Abadie an der Spitze seiner Männer und stieß alle elf Takte ein aggressives Pfeifen aus, das die Synkope bildete. Da sich die Atmosphäre ganz besonders für die Entfesselung des Rhythmus eignete, gaben die Musiker ihr Bestes und brachten es zuwege, ungefähr wie Neger des siebenunddreißigsten Grades zu spielen. Ein Thema folgte dem andern und keines glich dem andern.«

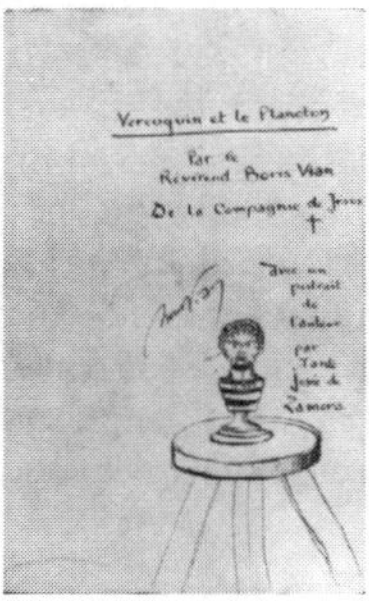

Titelseite des handschriftlichen Manuskripts
von »Vercoquin et le plancton«
(Drehwurm, Swing und das Plankton)

Abschweifung

Es ist äußerst deprimierend, wenn man sich aus Versehen auf einer Surprise-Party befindet, die einen Fehlstart hat.

Denn der Hausherr – oder die Hausherrin – steht mit zwei oder drei zu früh gekommenen Freunden im Raum, ohne das geringste hübsche Mädchen, denn hübsche Mädchen kommen immer zu spät.

Es ist genau der Augenblick, den sich der jüngere Bruder für seine gewagten Vorführungen aussucht – nachher wird er sich nicht mehr trauen. Und vor allem hat man ihn dann eingesperrt.

Und man sieht zu, wie diese zwei oder drei Unglücklichen in dem Raum mit dem frisch gewachsten Fußboden plastische Stellungen einnehmen, indem sie diesen oder jenen nachahmen – aber diese können wirklich tanzen.

Auch sie werden sich nachher nicht mehr trauen ...

Stell dir nun vor, daß du später gekommen bist. Wenn das Fest auf vollen Touren ist.

Du kommst herein. Die guten Kumpels schlagen dir auf den Rücken. Die andern, denen du nicht die Hand drücken willst, tanzen bereits – sie tanzen immer, und deshalb bist du nicht ganz mit ihnen einverstanden – und auf einen Blick siehst du, ob irgendwelche verfügbaren Mädchen da sind. (Ein Mädchen ist verfügbar, wenn es hübsch ist.) Wenn welche da sind, ist alles in Ordnung: die Surprise-Party hat erst angefangen, sie sind noch nicht sehr oft zum Tanzen aufgefordert und auch nicht sehr gefährlich ausgebeutet worden, denn die Burschen, die allein gekommen sind – zum größten Teil aus Schüchternheit – haben noch nicht genug getrunken, um sich Schwachheiten herauszunehmen.

Du brauchst allerdings nichts zu trinken, um dir Schwachheiten herauszunehmen, deshalb kommst du immer allein.

Versuch nicht geistreich zu tun. Die Weiber verstehen das nie. Und die, die es verstehen, sind schon verheiratet.

Sieh zu, daß sie mit dir trinkt. Das ist alles.

Du hast dann Gelegenheit, Wunder an Gerissenheit zu entfalten, um eine Flasche mit irgendwas aufzutreiben.

(Du holst sie ganz einfach aus dem Versteck, auf das du gerade irgendeinen Neuankömmling hingewiesen hast, der nicht ganz im Bilde ist.)

Versteck sie in deiner Hose. Nur der Flaschenhals schaut aus dem Gürtel. Kehr zu deinem Opfer zurück. Mach ein harmloses Gesicht, mit einem Anflug von Geheimniskrämerei. Nimm sie am Arm, selbst um die Taille, und sag ganz leise zu ihr: »Sehen Sie zu, daß Sie ein Glas finden, ein einziges genügt für uns beide, ich habe was aufgetrieben ... Pst ...«

Dann schleich dich heimlich in das Zimmer nebenan. Es läßt sich abschließen? Sieh an! So ein Zufall! Der Admiral ist drin. Er ist ein Kumpel. Natürlich ist er nicht allein. Du klopfst an die Tür, dreimal kurz und einmal lang oder siebenmal mittel und zweimal kurz, je nach der mit dem Admiral getroffenen Vereinbarung. Sobald du im Zimmer bist, schließ die Tür schnell wieder ab und schiel nicht allzu auffällig zum Admiral hinüber, der wieder in die vorderste Linie rückt. Er kümmert sich nicht um dich, da er ganz in Anspruch genommen ist von dem heiklen Manöver, das darin besteht, seine Hand geschickt im Seitenschlitz des Rocks einer Partnerin unterzubringen, eines intelligenten und intelligent gekleideten Mädchens. Hol deine Flasche, die dir kalt macht, ohne übertriebene Vorsichtsmaßregeln hervor, denn der Admiral hat selber eine. Bleib in der Nähe der Tür, damit du sie anklopfen hörst, wenn sie zurückkommt ...

Aber sie kommt nicht zurück ...

Um dich von diesem Schock zu erholen, mußt du die Flasche entkorken. Trink einen anständigen Schluck aus der Flasche. Aber aufgepaßt! Nicht mehr als die Hälfte! Vielleicht bleibt noch eine Hoffnung ...

Poch! Poch! Es klopft an der Tür ...

DU *(brutal um sie Mores zu lehren):* »Hätten Sie sich nicht etwas beeilen können?«

SIE *(zum Schein überrascht und ziemlich zufrieden):* »Sind Sie aber böse!«

DU *(sie leicht an der Taille an dich heranziehend):* »Aber nein, ich bin nicht böse ... das wissen Sie doch genau ...«

SIE *(tut so, als mache sie sich frei, was dir Gelegenheit bietet, dir so nebenbei die rechte Brust anzusehen):* »Aber aber, seien Sie brav ...«

DU *(immer noch mit der rechten Brust beschäftigt, dabei ostentativ an etwas anderes denkend und sehr unbefangen):* »Haben Sie das Glas?«

SIE *(zeigt triumphierend einen Fingerhut hervor):* »Na klar, hier ist es!« *(Sie fährt fort):* »Verstehen Sie, Jacques hat mich zum Tanzen aufgefordert, und ich konnte ihm keinen Korb geben ...«

DU *(mürrisch):* »Wer ist denn Jacques?«

SIE : »Jacques ist eben Jacques! Es ist der Junge, mit dem ich hergekommen bin!«

DU : »Ach, dieser Kretin mit dem strohblonden Haar?«

SIE : »Erstens ist er sehr nett und zweitens hat er kein strohblondes Haar ...«

DU : »Mit andern Worten, Sie mögen sein strohblondes Haar ...«

SIE *(kokett und lachend):* »Na klar!«

DU *(verärgert, denn du bist dunkelhaarig):* »Das ist eben Geschmackssache ...«

SIE : »Seien Sie doch nicht dumm ...«

(Sie lacht und rückt ein klein wenig näher, wobei sie mit angewinkeltem Arm ihre rechte Hand auf deinen linken Bizeps legt. Du legst den rechten Arm um sie und drückst sie ein wenig und sagst:)

»Aber Sie trinken ja nicht?«

»Aber Sie haben mir ja nichts gegeben.«

Darauf schenkst du mit der linken freien Hand ein, ihr trinkt zusammen, und du schüttest dir alles auf die Krawatte. Du hast kein Taschentuch bei dir. Angeekelt setzt du dich auf den einzigen freien Sitz (der Admiral hat fast das ganze Sofa in Beschlag genommen). Vor dir stehend, reibt sie deine Krawatte mit ihrem Taschentuch ab.

»So ist es bequemer, Sie sind so groß ...«

Sie dreht sich ein wenig, um dir ihre linke Seite zuzukehren, und ein ganz leichter Stoß genügt, damit sie auf dein rechtes Knie fällt.

Das übrige hängt von deiner jeweiligen Inspiration ab.

Schließlich gibt sie dir eine ergreifende Beschreibung der Art Jungens, die sie mag, nachdem sie sich zuerst deine Augen angesehen hat, um nicht braun zu sagen, wenn deine blau sind.

Das geschieht auf Surprise-Partys, auf denen du nicht gleich von Anfang an von der echt extravaganten Visage einiger Möglichkeiten abgestoßen wirst.

Dieser Fall kann vorkommen. Die Technik wird dadurch äußerst kompliziert.

Anmerkung: Es handelt sich immer um jene anständigen Surprise-Partys, auf denen man als Einzelpaar bumst, und auch nur in Räumen, die mindestens durch einen Vorhang von dem Zimmer getrennt sind, in dem getanzt wird.

Die andern Surprise-Partys sind bei weitem nicht so interessant und führen nie zu den Ergebnissen, die sich erzielen lassen, wenn man sich an die Profis dieser Sportart wendet.

(Drehwurm, Swing und das Plankton)

Jam Session im ›Club Saint-Germain‹

EINE TOLLE EPOCHE

»Es ist einerlei, wer auf der Trompete improvisieren, wer ohne zu zählen tanzen, wer, was ihm gerade einfiel, rezitieren konnte. Ein erstaunlicher Mensch, Marc Doelnitz, lockte alle in Paris auftauchenden Berühmtheiten ins ›Tabou‹. Sartre und Simone de Beauvoir wurden Stammgäste. Und vielleicht weil Paris zu dieser Zeit ohne Individualverkehrsmittel auskommen mußte, ergab sich eine erstaunliche künstlerische und intellektuelle Konzentration in der Gegend um den alten Glockenturm von Saint-Germain-des-Prés.«

Boris Vian, 1958

Jean-Paul Sartre im ›Flore‹ mit Boris Vian, Michèle Léglise und Simone de Beauvoir

Die ausgelassenen Feste mit schräger Musik und viel Alkohol halfen über die Spannungen und Entbehrungen hinweg, unter denen die französische Bevölkerung mehr und mehr zu leiden hatte, seit sich das Kriegsgeschick gegen die Deutschen zu wenden begann. Lebensmittel wurden rationiert, Ausgangssperren verhängt, Luftangriffe drohten. Je länger die Besatzung dauerte, desto strengere Lebensbedingungen herrschten. Ein lebhafter Schwarzhandel blühte, und die allgemeine Not begünstigte noch die schmutzigen Geschäfte der Kollaborateure und Denunzianten. 1944 begann ein gnadenloser Kampf zwischen Widerstandskämpfern und Milizangehörigen, ausgelöst durch die Maßnahmen, mit denen die Vichy-Regierung alle antifaschistischen Aktivitäten unterbinden und jede Form von Widerstand brechen wollte. Überall im Land wüteten von den Deutschen bewaffnete Faschistenverbände, Exekutionen und Massaker häuften sich, mit Fahndungsfotos wurde die Bevölkerung aufgerufen, sich an der Jagd auf ›Terroristen‹ zu beteiligen. Während die Wehrmacht in Paris ihre letzten Aufmärsche abhielt, wurden alle möglichen alten Rechnungen blutig beglichen. Alle zwei oder drei Minuten schlug irgendwo eine Gewehrkugel ein, oder man hörte den Feuerstoß eines Maschinengewehrs. Auch Boris Vian konnte die politische Wirklichkeit jetzt

Probe zur szenischen Lesung des Picasso-Stücks ›Wie man Wünsche beim Schwanz packt‹ am 9. 3. 1944 in der Wohnung von Zette und Michel Leiris

Von links nach rechts:
Jacques Lacan, Cécile Eluard, Pierre Reverdy, Madame Leiris, Zanie de Campan, Pablo Picasso, Valentine Hugo, Simone de Beauvoir; sitzend: Jean-Paul Sartre, Albert Camus, Michel Leiris und Jean Aubier

nicht mehr ignorieren, sie holte ihn ein: In den Tagen der Befreiung von Paris wurde sein Studienfreund Charles Bally erschossen, und im November 1944 starb Vians Vater unter den Pistolenschüssen einer Einbrecherbande, die er in der Küche seines Hauses in Ville d'Avray überrascht hatte. Die genaueren Umstände dieses Mordes konnten nie geklärt und die Täter nicht gefaßt werden.

Angesichts dieses gewaltsamen Hereinbrechens der Wirklichkeit in die individuelle Sphäre, der Angst vor Denunziationen, Schüssen und Bomben, betrachtete man die in Privatwohnungen veranstalteten Feste als willkommene Ablenkung, sie bedeuteten eine illusionsreiche Form von Freizügigkeit. In den Pariser Künstlerkreisen um Picasso, Michel und Zette Leiris, Sartre und Camus, mit denen Boris Vian bald Bekanntschaft schließen sollte, wurden ähnlich feuchtfröhliche ›fiestas‹ gefeiert: »Wir waren ein kompletter Jahrmarkt mit Drehorgeln, Anreißern, Clowns, Werbeschauen«, heißt es in den Erinnerungen von Simone de Beauvoir, »Dora Maar mimte einen Stierkampf, Sartre dirigierte in einem Schrank ein Orchester, Limbour zerlegte mit kannibalischem Schmatzen einen Schinken, Queneau und Bataille duellierten sich mit Flaschen, die sie wie Degen schwangen, Camus und Lemarchand spielten Militärmärsche auf Kochtöpfen. Wem Gesang gegeben war, der sang, aber auch alle, denen er nicht gegeben war. Pantomimen, Komödien, Diatriben, Parodien, Monologe, Geständnisse – die Improvisationen rissen nicht ab, und sie wurden begeistert aufgenommen.«

Nach der Befreiung lösten in den Vergnügungslokalen die amerikanischen Soldaten die deutschen ab. In Sachen Jazz waren die Amerikaner eher ungebildet, und die Stücke, die für Boris Vian die

Der ›Major‹,
auf dem Dach des Maison des Sciences

eigentlichen Hits waren, empfanden die meisten Soldaten nicht gerade als ihre Musik. Doch wenn man nur irgendwie danach tanzen konnte, fügten sie sich den Angeboten der ›marrons‹. Verlangten die G.I.s etwa ›Besame mucho‹ oder ähnliche Eintopfgerichte, antwortete Boris Vian: »Kommt nicht in Frage, wir spielen nicht ›Besame mucho‹, wir spielen Duke Ellington!« Ruhm erntete das Orchester Abadie bei den öffentlichen Konzerten; in den Lokalen spielten sie für Getränke, und die Armeesoldaten verpflegten die Musiker mit Doughnuts, Omeletts, Schokolade, Zigaretten und Café au lait. Besonders gerne nahmen die Amateurmusiker, die tagsüber wie gewohnt ihren Beruf ausübten, private Einladungen zu Pick-up-Parties an, wo sie ihre Hits spielten, am Büfett kräftig zulangten und sich ein attraktives Mädchen angelten. Wie eine Schildwache begleitete der Major bei diesen Auftritten Boris Vian. Er war ein gefürchteter Party-Schreck, der sich immer wieder neue Gags ausdachte und für aufregende Überraschungen sorgte. So kaufte er eines Tages einem betrunkenen amerikanischen Offizier seine Uniform ab und inspizierte so ausstaffiert probeweise eine G.I.-Truppe in dem Badeort Saint-Jean-de-Luz an der Côte d'Argent, ehe er in dieser Verkleidung auch auf Parties und in den Pariser Bars auftauchte. Seinem Namen ›der Major‹ machte Jacques Loustalot auf diese Weise alle Ehre. Verfehlte die falsche Uniform ihren Eindruck, stach der Major mit einer Grammophonnadel in sein Glasauge – oder er verschluckte ein paar Nadeln, um sie dann aus seinen Gelenken wieder hervorzuzaubern.

Boris Vians bester Freund weigerte sich, ›reif‹ zu werden, er blieb lieber der verwegene junge Müßiggänger, verlor sich lieber in seinem schönen Fieberwahn voller hübscher Mädchen und treuer,

Das Orchester Abadie
in der Salle Pleyel im März 1946
als ›Professor Dupiton
und seine fröhlichen Mandolinen‹

verläßlicher Freunde, als sich den Gesetzen einer Welt zu unterwerfen, deren abscheuliche und düstere Absurdität er erfahren hatte. Anfang 1948 stürzte er sich während einer Party von einem Balkon zu Tode, ein vorzeitiger Agent jener ›lost generation‹, deren Symbolgestalt James Dean wurde.

Das Orchester Claude Abadie, 1947
Von links nach rechts: Hubert Fol, Raymond Janet, Claude Abadie, Boris Vian, (Teymour Nawab), Raymond Fol, Claude Léon und Georges d'Halluin (genannt Zozo)

»Heute schlägt sich die gesellschaftliche und historische Erfahrung nicht mehr im Wissen nieder. Die bürgerlichen Begriffe erneuern sich kaum und verbrauchen sich schnell, denjenigen, die sich erhalten, fehlt die Grundlage: die wirklichen Errungenschaften der amerikanischen Soziologie können ihre theoretische Ungewißheit nicht verdecken, die Psychoanalyse ist nach einem Blitzstart völlig festgefahren. Die Detailkenntnisse sind zahlreich, die Grundlage aber fehlt. Der Marxismus besitzt theoretische Grundlagen, er umfaßt alle menschlichen Gestaltungshinsichten (die gesamte menschliche Aktivität), aber es ist kein Wissen mehr: seine Begriffe sind Diktate, es ist nicht mehr sein Ziel, Erkenntnis zu erlangen, sondern er will sich a priori als absolutes Wissen konstituieren. Angesichts dieser doppelten Unwissenheit hat der Existentialismus wiedererstehen und sich behaupten können, weil er die Wirklichkeit des Menschen wieder zur Geltung brachte. Nur wies der Däne den Hegelschen Begriff vom Menschen und von der

➳

Im September 1944, als sie im ›Royal Villiers‹ engagiert waren, trat Claude Léon in das Orchester ein. Léon, der schon vor dem Krieg und 1941 mit Abadie gespielt hatte, war in einem Konzentrationslager gewesen, hatte fliehen können und die letzten Monate der Okkupation im Untergrund gelebt. Der Trompeter Boris Vian und der Schlagzeuger Claude Léon verstanden sich auf Anhieb und verlangten sich gegenseitig Spitzenleistungen ab. Boris hielt den neuen Drummer dazu an, bei den Tempi zuzulegen und bei den leiseren Stellen schärfere Akzente zu setzen, und umgekehrt regte Léon Boris Vian zu virtuosen Ausfällen auf seiner Trompete an. Über den Trompeter Boris Vian sagte Léon später: »Er spielte ›seitlich‹, er setzte das Mundstück im Mundwinkel an, und das fiel mir besonders auf, weil mein Vater, der in seiner Jugend einem Blasorchester angehört hatte, zu behaupten pflegte, daß Blechmusiker immer ›seitlich‹ spielen würden. So fiel mir also, als ich mich im ›Royal Villiers‹ ans Schlagzeug setzte, als erstes auf, daß Boris mit gespreizten Beinen spielte und die Trompete im Mundwinkel ansetzte ... Er spielte wie Bix Beiderbecke.« Wie Beiderbecke, dessen Repertoire er bestens kannte, wollte Boris Vian mit seinem Spiel höher hinaus als irgend jemand vor ihm. Er spielte sehr romantisch und wollüstig, huldigte einem sehnsuchtsschweren Swing. Und wie Bix Beiderbecke war Boris Vian für Claude Léon eine Art »Novalis des Jazz«.

Musiker wie Vian, Léon, Abadie spielten, gerade wenn sie sich zu Höchstleistungen trieben, nur zu ihrem Vergnügen. Sie waren stolz auf ihren Amateurstatus und legten darauf um so größeren Wert, je mehr sie sich um Professionalität bemühten und gegen Berufsmusiker zum Wettbewerb antraten. Ihren Stolz hatten sie, und die

Wirklichkeit zurück. Dagegen betrachten Existentialismus und Marxismus ein und dasselbe Objekt, der Marxismus jedoch hat den Menschen in der Idee aufgehen lassen, der Existentialismus hingegen sucht ihn überall, wo er geht und steht, bei seiner Arbeit, zu Hause und auf der Straße. Wir behaupten allerdings nicht – wie Kierkegaard –, daß dieser wirkliche Mensch unerkennbar sei. Wir sagen nur, daß er nicht bekannt ist.«

Jean-Paul Sartre, ›Marxismus und Existentialismus‹ (S. 26)

getroffenen Vereinbarungen mußten wie bei Berufsmusikern von den Wirten oder Partyveranstaltern strikt eingehalten werden. Das etwas unerfreuliche Ende des Gastspiels im ›Royal Villiers‹, dessen Wirt die schlechte Tageseinnahme auch auf die Musiker abwälzen wollte, hielt Boris Vian in seinem Tagebuch fest: »Wenn er uns nicht zahlen will, werden wir einige Klaviersaiten mitnehmen. Gesagt, getan: einige Minuten nach unserem Aufbruch fand der Wirt einen Flügel vor, in dem drei Hämmer fehlten. Er hatte die Frechheit, sich darüber aufzuregen und auf unsere Dienste zu verzichten.«

Vom ›Royal Villiers‹ siedelte das Orchester zur Bar ›Rainbow Corner‹ am boulevard des Capucines über und danach schlossen sie einen Kontrakt mit einer amerikanischen Armeekantine an der avenue Rapp, wo sie, wie damals üblich, gegen Naturalien spielten. Zum Orchester gehörte inzwischen auch der Gitarrist und Sänger Teymour Nawab, genannt Timsy-Pimsy, ein Perser (oder Ägypter), der zehn Jahre älter als Boris Vian war, von Haus aus ziemlich reich zu sein schien und im Trinken noch den Major zu überflügeln pflegte. Beim Spielen schwankte er sturzbetrunken auf einem Barhocker, Boris Vian mußte ihn, selbstverständlich unbeirrt weiterspielend, mit seiner Trompete an der Schulter stützen, damit er nicht umfiel.

Von der avenue Rapp wechselte das Orchester Abadie zur Special Service Show, einer Art von Tourneeunternehmen für den Raum Paris und Umgebung. An der Place de l'Opéra sammelte ein Lastwagen die Musiker abends ein, brachte sie zum Ort ihres vorbestellten Auftritts und holte sie zu einer ebenfalls vorher vereinbarten Zeit wieder ab. So forderte eines Tages auch ein Ärzteteam der psychiatrischen Heilstätte in Villejuif das Orchester an, weil man auf die Idee verfallen war, Jazzmusik könnte eine heilsame Wirkung auf die Patienten ausüben.

Mehrere Konzerte ohne Zwischenfälle schienen die These wunderbar zu untermauern, bis sie sich ungewöhnlich schnell in der Luft auflöste, durch die eine Coca-Cola-Flasche wohlgezielt in Richtung Orchester geschmissen worden war.

Im März 1945 bestand das Orchester Abadie glänzend gegen die angesehensten Jazzgrößen Frankreichs bei den drei ›Jazznächten‹ im Pariser ›Coliseum‹. Man gab mehrere Konzerte in der Musikhochschule und in der ›Salle Pleyel‹. Am 17. November 1945 nahmen die Musiker am 1. Internationalen Amateurjazzorchesterturnier in Brüssel teil, bei dem sie fast alle Pokale und Preise gewannen. In Brüssel spielten sie wenig später über Weihnachten und Silvester in einer Brasserie, nicht zuletzt, um die günstige Gelegenheit zum Einkaufen und Schmuggeln von in Frankreich raren Kleiderstoffen auszunutzen, die sie in ihren Instrumenten versteckt über die Grenze brachten. Beim 9. Jazzamateurorchesterturnier im März 1946 in der ›Salle Pleyel‹ gewannen sie den Großen Preis des Hot Club de France.

Im Sommer 1945 wirkte das Orchester in dem von Jean de Marguenat gedrehten Spielfilm ›Madame und ihr Flirt‹ mit. Auch hier wurde dem Swing-Rhythmus, dem New-Orleans-Stil, dem ›amerikanischen Jazz‹ Reverenz erwiesen, der Hauptschlager des Films hieß ›Sie haben keinen amerikanischen Rhythmus‹. In der Novelle ›Der Statist‹ schilderte Boris Vian später seine Erlebnisse und Erfahrungen während der Dreharbeiten. Jean Rostand, dem er seine

Sartres Vortrag ›Der Existentialismus ist ein Humanismus‹

»Natürlich sprach er ohne Unterlagen und, sofern es ihm die erdrückende Nähe zu seinem Auditorium erlaubte, mit den Händen in den Taschen. Zunächst verteidigte er den Existentialismus gegen die Vorwürfe der Kommunisten, ›eine kontemplative Philosophie, eine Philosophie des Luxus, eine bourgeoise Philosophie‹ zu sein; gegen die Vorwürfe der Katholiken, ›das Verwerfliche am Menschen hervorzuheben, überall das Zwielichtige, das Visköse zu zeigen‹. Dann stellte er knapp sein Anliegen vor: den Sinn von ›Humanismus‹ und die Definition von ›Existentialismus‹ zu verdeutlichen, nämlich als ›eine Lehre, die das menschliche Leben möglich macht‹. Geschickt wunderte sich der Redner sodann über die ›existentialistische Mode‹. ›Das Wort‹, sagte er, ›hat heute einen solchen Umfang und eine solche Verbreitung angenommen, daß es überhaupt nichts

➻

ersten erzählerischen Versuche zur Lektüre anvertraut hatte, bestärkte ihn in seinen schriftstellerischen Ambitionen. Das Manuskript des Romans ›Drehwurm, Swing und das Plankton‹ gab Rostand an Raymond Queneau, der für Gallimard als Lektor arbeitete, begeistert reagierte und sich für die Veröffentlichung einsetzte. Im Juli 1945 erhielt Boris Vian einen Autorenvertrag, das Buch wurde aber erst im Oktober 1946 gedruckt; inzwischen hatte er schon zwei neue Romane geschrieben und einen weiteren unter Pseudonym veröffentlicht. Nach wie vor war Boris Vian tagsüber als Ingenieur bei der AFNOR tätig, im Februar 1946 nahm er einen etwas besser bezahlten Job im ›Office Professionnel des Industries et Commerces du Papier et du Carton‹ an, den ihm der dort schon länger beschäftigte Claude Léon verschafft hatte. Im Juni 1947 wurde dieses Arbeitsverhältnis im gegenseitigen Einvernehmen gelöst.

Die erbarmungslos geführten Säuberungsdebatten, in denen sich die prominenten Vertreter des Kulturlebens in den ersten Monaten nach de Gaulles Einzug in Paris regelrecht zerfleischten, beeindruckten jüngere Künstler wie Boris Vian kaum. Die Position Sartres, der sich in der Frage der Säuberungen zurückhielt, der nicht vergangene Streitfragen hochspielen, sondern lieber klare Vorstellungen für die Nachkriegszeit entwickeln wollte, interessierte ihn da schon eher, zumal Sartre sich sowohl als Philosoph wie auch als Dramatiker und Filmautor mit einer Theorie des individuellen Engagements und der individuellen Verantwortung zu Wort meldete: »Wenn der Krieg stirbt, läßt er den Menschen nackt, ohne Illusion, seinen eigenen Kräften ausgeliefert, weil er endlich begriffen hat,

**›Wir sind verlassen,
ohne Entschuldigungen.
Das meine ich, wenn ich sage, der
Mensch ist zur Freiheit verurteilt.‹**

(Jean-Paul Sartre)

daß er nur noch auf sich selbst zählen kann.« (*Das Ende des Krieges*, erschienen in Nr. 1 der Zeitschrift ›Les Temps Modernes‹.) Der abseits stehende Mensch wurde von Sartre ins Zentrum gerückt.

Zu allen wichtigen Fragen der Zeit nahm Sartre damals Stellung; den Existentialismus warf er als eine Lehre in die intellektuelle Debatte, »die das menschliche Leben möglich macht«. Für Sartre interessierte sich Boris Vian nicht zuletzt deshalb, weil er dessen Amerikaeindrücke im ›Combat‹ und im ›Figaro‹ aufmerksam gelesen hatte. Anläßlich seiner Reise im Frühjahr 1945 hatte Sartre den »Triumph der Technik« konstatiert und den Reiz der Kinos, Tanzlokale und Jazzclubs in New York kennengelernt sowie die Geburt des Bebop miterlebt: »In New York habe ich gelernt, daß Jazz ein nationales Vergnügen ist«, schrieb er nach Besuchen in ›Nick's Bar‹, »man setzt sich in einen verräucherten Saal neben Matrosen, Halbstarke, nicht registrierte Huren, Damen aus der vornehmen Gesellschaft ... Niemand redet ... Niemand rührt sich ... Jazzmusik ... Ein dicker Mann bläst sich die Lunge aus dem Leibe, da ist auch ein gnadenloser Pianist, ein Kontrabaßspieler, der seine Saiten zupft, ohne auf die anderen zu hören. Sie sprechen den besten Teil in uns an, den freiesten, jenen Teil, der weder Melancholie noch die alte Leier, sondern den schwindelerregenden Glanz des Augenblicks will.« (*Nick's Bar, New York City,* erschienen in der Zeitschrift ›Jazz 47‹.)

Im Oktober 1945 fanden Wahlen in Frankreich statt, de Gaulle machte sich an die Bildung einer neuen Regierung. Noch immer waren bestimmte Lebensmittel rationiert, und wegen der Stromsperren mußten Cafés und Restaurants an drei Tagen der Woche

mehr bedeutet ... In Wirklichkeit ist der Existentialismus die am wenigsten skandalöse, die strengste Lehre; sie ist ausschließlich für Fachleute und für Philosophen bestimmt.‹ Nachdem er sein Revier abgesteckt, es gegen Eindringlinge, Kritiker und Sinnverfälscher verriegelt und sich auf sein Lieblingsterrain, die Philosophie, zurückgezogen hatte, stürzte er sich in ein reines Philosophieseminar, das ungeachtet der Heterogenität der Anwesenden, ungeachtet auch des mondänen Publikums die versprochene Fachlichkeit und Strenge bot; den Menschenstrom, die zerbrochenen Stühle und die Ohnmachtsanfälle übersah er schlicht. Er hielt sich an die Linie, die er sich, als er die Einladung annahm, selbst vorgenommen hatte, bewies seine Absicht der Strenge und wich keinen Millimeter davon ab. [...]

Die zusammengedrängten, herumgestoßenen, halb erstickten Zuhörer mußten dichte und präzise Analysen der Theorien von Jaspers, Gabriel Marcel, Kierkegaard, Kant und

➸

geschlossen bleiben. Die zahlreichen Bücherneuerscheinungen und Uraufführungen in den Theatern machten Schlagzeilen. Täglich fanden Konferenzen, Streitgespräche und Vorträge statt. Ein beispielloses Ereignis wurde der vom ›Club Maintenant‹ am 29.10.1945 in der ›Salle des Centraux‹ in der rue Jean-Goujon veranstaltete Vortrag von Sartre über »Der Existentialismus ist ein Humanismus«. Einen derartigen Andrang hatte niemand erwartet. Wie heute bei Popkonzerten strömten Menschenmassen von der Metrostation Marbeuf zum Vortragssaal. Die Kasse wurde gestürmt und zertrümmert. Ein Verkauf von Eintrittskarten war nicht möglich. Die Organisatoren Jacques Calmy und Marc Beigbeder wußten nicht so recht, ob sie erschrocken oder beglückt sein sollten. Stühle gingen im Gedränge entzwei, einige Enthusiasten wurden ohnmächtig. Prominente Vertreter des Kulturlebens wie der Verleger Gallimard oder die Buchhändlerin Adrienne Monnier versuchten beschwichtigend auf die überreizte Menge einzureden. Auf die Bitte »ehrwürdiger Greise«, berichteten die Blätter nachher hämisch, doch den Notdienst zu alarmieren, hätten die jüngeren Sartriens mit Buhrufen reagiert. Als jedoch das Schauspielerehepaar Jean-Louis Barrault und Madeleine Renaud Einlaß begehrte, hielt man inne und gab höflich den Weg zu den Ehrenplätzen frei. Auch Boris Vian hatte sich einen Platz ergattert und wurde so Zeuge des »Sartre-Phänomens«. Diesen Existentialisten Sartre, von dem so viel in den Zeitungen die Rede war, wollten alle endlich einmal zu Gesicht bekommen. Als der Held, um den die Stuhlschlacht geschlagen wurde, am Schauplatz eintraf, vermutete er in der bedrohlichen Menschenmasse Kommunisten, die ihn attackieren wollten. Nie-

Auguste Comte sowie eine Lawine von Bezugnahmen auf Voltaire, Diderot, Dostojewski, Zola, Stendhal, Cocteau und Picasso über sich ergehen lassen. Eine fundierte und interessante, strenge und vielseitige Darlegung, in der er die Schrauben noch etwas anzog, die er schon in seiner *Mise au point*, der Erwiderung auf die kommunistischen Kritiken in der Zeitung ›Action‹ vom vergangenen Dezember, angebracht hatte; er zog die Schrauben ›Individuum‹, ›Verantwortlichkeit‹, ›Angst‹, ›Engagement‹, ›Verlassenheit‹ fest und griff bestimmte prägnante Formulierungen wieder auf: ›Der Existentialismus definiert den Menschen durch sein Handeln‹; ›Der Existentialismus sagt dem Menschen, daß es Hoffnung nur im Handeln gibt und daß die Tat das einzige ist, was dem Menschen zu leben erlaubt‹; ›Ein Mensch engagiert sich in seinem Leben, zeichnet sein Gesicht; und außerhalb dieses Gesichts ist nichts vorhanden‹; ›Wir sind verlassen, ohne Entschuldigungen. Das meine ich, wenn ich sage, der Mensch ist zur Freiheit verurteilt.‹ Einige

➻

mand erkannte ihn, wortlos ließ er sich hin- und herschieben und erreichte es, daß er mit der Zeit von der Eingangstür bis zum Podium nach vorne geschubst wurde. Schließlich entdeckten ihn die Organisatoren, und mit einer Stunde Verspätung konnte der Vortrag im total überfüllten Saal beginnen.

So mancher Kritiker machte sich einen Spaß daraus, über die Ohnmachtsanfälle und Ellbogenexzesse zu berichten. Boris Vian übertrumpfte alle Horrorberichte über diesen Vortrag mit seiner Schilderung in dem Roman ›Der Schaum der Tage‹, in dem er Jean-Sol Partre sich den Weg zur Bühne mit dem Beil freimachen läßt. Um zum Vortrag ihres Idols zu gelangen, verschaffen sich hier Zuhörer über die Kanalisation Zutritt, andere lassen sich aus Sondermaschinen mit dem Fallschirm aussetzen. Zum Titel regte ihn möglicherweise der Bericht des Kritikers Justin Saget an, der Sartre als »großen Steuermann und Alleinherrscher an Bord« beschrieb, »der seine Leute vollständig in der Gewalt hat und auf seinem Podium wie der Schaum auf dem Kamm der Welle wirkt«.

Seit jenem Vortrag, der Sartre endgültig zu einer öffentlichen Person machte, verging kein Tag, an dem die Zeitungen nicht seinen Namen und das Stichwort Existentialismus erwähnten. In einer anderen Weise, als er es sich gedacht hatte, wurde er wichtig genommen. »Der Schriftsteller ist in seiner Epoche *situiert*«, hatte er konstatiert, »jedes seiner Worte findet Widerhall. Auch sein Schweigen.« Nicht die moralische Instanz des Schriftstellers aber erlangte Autorität, sondern der persönliche Magnetismus, die Aura der öffentlichen Person und des Gurus wurde zur Institution. Die

schlecht montierte oder störende Schrauben lockerte er, etwa die Schraube ›Verzweiflung‹ oder die Schraube ›Geschichte‹. Dann ließ er wie ein Mechaniker oder Autoschlosser, der einen Motor repariert hat, den Gegenstand, den er auseinandergenommen und wieder zusammengebaut hatte, mit jenem Gleichmut des arbeitenden Menschen liegen, den nichts von seiner täglichen Konzentration ablenken kann, und beglückwünschte sich selbst, daß der Existentialismus ›ein Optimismus, eine Lehre der Tat‹ sei. Zwischendurch war ihm das Kunststück gelungen, die Definition eines ›existentialistischen Humanismus‹ zu erfinden und vor allem einen Begriff des Individuums einzuführen, mit dem sich jeder identifizieren konnte: den ›Europäer von 1945‹. Jenes Individuum mit der Fähigkeit, ›jeden Entwurf zu verstehen, auch den des Chinesen, des Indianers oder des Schwarzen‹, rückte er ins Zentrum der Welt. Und der Zauberer, dieser Europäer von 1945, sollte schnell Karriere machen. Der Mechaniker-Redner entfernte sich von seiner ➛

Legende Sartre wurde zur Macht und der Existentialismus zur Mode. Was die einen als Aufbruch zu neuen Ufern und glückliche Überwindung des Pétainismus priesen, erschien den anderen als Niedergang der Kultur. Wahllos diente der Begriff zur Bezeichnung einer philosophischen Richtung, einer Rebellion oder nur eines Lebensstils. Mit dem Verdikt ›existentialistisch‹ belegte die breite Öffentlichkeit mit der Zeit alle ihr fremden Haltungen und die Lebensformen, die mit den Konventionen der Gesellschaft kollidierten. Im Spiegel der Boulevardpresse erschien der Existentialismus als großer Rummel und Sartre und seine Umgebung als Clique, die alle Fäden in der Hand hatte. Das Blatt ›Samedi-Soir‹ erklärte: »Wer verlegt werden will, muß swingen, in Cafés verkehren und den Jitterbug tanzen.«

Über Jeanine und Raymond Queneau schloß Boris Vian nun mit Sartre auch persönlich Bekanntschaft, man traf sich in der Bar des ›Pont-Royal‹ und im ›Flore‹ am boulevard Saint-Germain, seit 1941 Stammcafé Sartres, das von Henriette und Paul Boubal ganz nach den Bedürfnissen seiner Künstler-Klientel geführt wurde. In den dreißiger Jahren hatten sich die Mitglieder der ›Oktobergruppe‹ um Jacques und Pierre Prévert, Marcel Duhamel, Roger Blin, Sylvia Bataille und Mouloudji dieses Café als Treffpunkt gewählt und ihm den Stempel der Literatenhochburg aufgedrückt. Obwohl für jedermann zugänglich, hatte das ›Flore‹ lange den Charakter eines intimen englischen Clubs. Jeder kannte jeden. Es gab keine Geheimnisse, doch man störte einander nicht. Betrat ein hübsches Mädchen das Lokal, war es ›die Neue‹, und wenn sie ein weiteres Mal erschien, gehörte sie dazu und alle kannten jedes Detail ihres

Maschine. Der ursprünglich geplante Veranstaltungsteil, Diskussion mit den anwesenden Widersachern, fiel aus Platz- und Zeitmangel weg. Der Redner ging.«

Annie Cohen-Solal, ›Sartre‹ (S. 392 f.)

Privatlebens. Innerhalb des Cafés gab es Gruppen und Cliquen, die einander nicht grüßten. Viele saßen hier, um zu Hause die Kohlen zu sparen. Boubal achtete immer streng darauf, daß sich niemand benachteiligt fühlte. Bei ihm war man auf neutralem Boden, dessen Gesetze zu respektieren waren.

Während des Kriegs, wenn das Café bei Bombenalarm geräumt werden mußte, durften Sartre und Simone de Beauvoir sich insgeheim im ersten Stock einrichten, wo sie ungestört weiterzuarbeiten pflegten. Sartre hielt Boubal deshalb auch später die Treue, als das ›Flore‹ mehr von Touristen als von Literaten aufgesucht wurde. Boris Vian schrieb in seinem Saint-Germain-des-Prés-Führer (1950): »Mit der Befreiung erstand die Presse neu, und in dem Maße, wie die Presse wieder Geltung erlangte, räumte sie auch den Schriftstellern und Künstlern mehr Platz ein. Das Ergebnis aller Publizität ist bekannt: der wachsende Zustrom von Anhängern. Man erfuhr, daß die Intellektuellen sowie die Maler ständig in Saint-Germain-des-Prés verkehrten, daß dort die Werke entstanden, von denen die ganze Welt sprach. Man suchte daraufhin das ›Flore‹, das ›Deux Magots‹, das ›Lipp‹ und die ›Rhumerie‹ heim, um die berühmten Leute zu begaffen. Sie waren nicht mehr da. Sie hatten sich in die kleinen, gut getarnten Bars zurückgezogen, in die weniger bekannten, aber trotzdem besuchswürdigen Bistros und in die Cafés mit unscheinbarem Äußeren. Eine bestimmte Gruppe von Leuten schützte sich am Ende vor den Neugierigen, wie man sich vor Bomben schützt – sie gingen in die Keller. (Es sei ausdrücklich betont, daß die Keller im allgemeinen zur Lagerung kostbarer Dinge und jener mehr besonderen Erzeugnisse dienen, die eine

»Sartres Durchbruch im Zuge der Pariser Befreiung löst eine Bewegung aus. Und er, der Eindringling, der Outsider, der Abseitige wird gemeinsam mit Camus an ihrer Spitze stehen. Wo er sich befindet? Genau am entscheidenden strategischen Punkt. Ausgestattet mit den Fähigkeiten, die er durch den Journalismus und das Theater erworben hat. Ein gewisses Renommee genießt er schon, und soeben hat er von einem Paris, aus dem der literarische Zirkel desertiert ist, symbolisch Besitz ergriffen. Der historische Moment? Die Nachkriegszeit macht reinen Tisch, seine Vorstellungen von radikalem Pessimismus, Revolte, Verweigerung und absoluter Einsamkeit treffen sich endlich mit dem Zeitgeist. Und fallen nun auf fruchtbaren Boden ... Ferner genießt Sartre 1944 den Vorteil des gesellschaftlichen Gewichts und anerkannten Wertes der Philosophie. Er gehört zur Spitze der Pyramide: École normale, Agrégé, Erster bei der Agrégation; kurz, das Elitekonzentrat wird die intellektuelle Welt mit Siebenmeilenstiefeln betreten. Er,

➳

Körpertemperatur des Menschen von 37 Grad gewährleisten: Wein und Kohle. Es war also nicht lächerlich, daß die Menschen selbst dort hineingingen.) In der Praxis ist es beinahe so zugegangen, und so verhielt es sich auch mit dem ›Tabou‹, dem berühmtesten Keller nach der Befreiung.«

Für ein Jahrzehnt war der kleine Pariser Stadtteil um die Kirche von Saint-Germain mit seinen vielen Cafés und Kellerlokalen das absolute Zentrum des französischen literarischen und kulturellen Lebens. Sartre war der König dieses Reichs, nach außen hin jedenfalls die intellektuelle Schlüsselfigur für den Zeitgeist, der sich international als existentialistische Weltanschauung drapierte. Wie fast jeder König kannte auch Sartre sein Volk und sein Reich nicht besonders gut, er verkehrte mit seinem Gefolge an einigen auserwählten Orten, lieferte Erklärungen und Dementis und beschränkte sich auf Stippvisiten an den Brennpunkten der Ereignisse. Boris Vian war der zweite Name, der in der Öffentlichkeit mit Saint-Germain in Verbindung gebracht wurde – sein Ruhm basierte nicht auf verbalen Äußerungen und Stellungnahmen zu philosophischen Debatten, er war wirklich ein Akteur der Existentialisten-Szene und regierte mit seiner Trompete als Prinz der führenden Jazzkeller des Viertels.

Obwohl sich Boris Vian in den Jahren 1946 bis 1950 mit einer Reihe von Büchern als Dichter zu Wort meldete und mit seinen ›Beiträgen des Lügners‹ auch zu den Autoren der von Sartre begründeten Zeitschrift ›Les Temps Modernes‹ gehörte, wurde er nur als Trompeter und Kellerprinz wahrgenommen. Obwohl oder weil er wesentlich konkreter an den empfindlichen Stellen bürgerlicher

der buchstäblich bombardiert wurde, wird dank seiner übermenschlichen Willens- und Arbeitskraft, dank seinen Talenten alle Rekorde brechen. Ausgerüstet mit der Legitimität des Philosophen wird er alle Nachbarfelder annektieren: Film, Theater, Roman, Kritik, Journalismus, Politik. Er annektiert sie, indem er sie sich zunächst aneignet und dann wieder auseinandernimmt. Er schwingt das philosophische Werkzeug, als handle es sich um eine unbesiegbare, unwiderstehliche Waffe. Für traditionelle Bereiche wie die Literaturkritik und den Roman eine hervorragende, unübertreffliche Technik. Doch welche gelegentlichen Mißerfolge dafür

Tugenden, ökonomischer Prinzipien und traditioneller Tabus kratzte als zum Beispiel Sartre, ließen die Kritiker an seinen Romanen und Stücken kein gutes Haar oder übergingen sie mit Schweigen. Literatur, Philosophie und Politik blieben das Privileg des Königs. Wer mit ihm sich messen wollte, mußte einen lautstarken Disput führen und am Ende unweigerlich mit ihm brechen – wie Albert Camus – oder in seinem Schatten bleiben – wie Simone de Beauvoir und Maurice Merleau-Ponty. Mit letzterem übrigens verstand sich Boris Vian recht gut, denn er war ein Philosoph, der das Tanzen nicht verschmähte, und deshalb »trug er mit seiner Anwesenheit an allen Treffpunkten von Saint-Germain-des-Prés dazu bei, der Verwirrung über die Bedeutung des Begriffs ›Existentialismus‹ im beschränkten Kleinhirn von Nachbetern Nahrung zu geben«.

War Sartres Königsburg das ›Flore‹, so waren das ›Tabou‹ und später der ›Club Saint-Germain-des-Prés‹ die Residenzen von Prinz Boris. In der rue Dauphine Nr. 33 hatte das aus Toulouse zugezogene Ehepaar Guionet 1945 ein Bistro eröffnet und dieses ›Tabou‹ genannte Lokal als eine Art Café concert zu etablieren versucht. Erst nachdem in unmittelbarer Nachbarschaft eine Zeitungsauslieferungszentrale eingerichtet worden war und das ›Tabou‹ sich auf Nachtbetrieb umgestellt hatte, kam Schwung in den Laden. Unter den Nachtschwärmern sprach es sich schnell herum, daß es hier Kaffee und frische Croissants gab, was 1946 keine Selbstverständlichkeit war. Im ›Tabou‹ verkehrten nun der Dichter Camille Bryen, der Maler Wols, Camus, Queneau, Sartre. Bernard Lucas, Musikkritiker, Romanautor und Chefredakteur der Zeitschrift ›Arts et Lettres‹, schlug den Guionets vor, im Keller ihres ›Tabou‹ einen Club

im Film, im Journalismus oder auch in der professionellen Politik! Momente äußerster Aufnahmefähigkeit in diesem vom Krieg erschöpften Land: Die Vorkriegsleute, Paulhan, Guéhenno und die anderen verfolgen Sartre mit perplexem Blick. Delirierender Enthusiasmus hingegen bei der Nachkriegsgeneration. Sartre, das ist ihr Mann. [...] Eine ganze Jugend bewegt sich auf ihn zu: Sie ist von seiner Radikalität, der permanenten Überschreitung von Konventionen, vom Caféleben, von der Transparenz, dem Außenseitertum, das den Bourgeois schockiert, einfach hingerissen. [...]

Der junge Alexandre Astruc hatte dem gesamten Sartre-Werk bereits einen zwölfseitigen Artikel gewidmet, eine Art leidenschaftliches Glaubensbekenntnis: ›In der französischen Literatur geschieht wenig, was uns begeistern könnte. [...] Eine solche Ausnahme scheinen mir Sartres erste Bücher zu sein‹, verkündet er und schreibt weiter: ›Das Neue seiner Revolte ist, daß sie radikal ist und auf das Faktum der Existenz selbst abzielt ... Von

➛

Titre : LE PRIX DU TABOU AVEC BORIS VIAN, QUENEAU A PARIS EN 1948
Légende : De gauche à droite, le musicien belge Gus VISEUR, l'écrivain Raymond QUENEAU, Boris VIAN, son épouse Michèle, son frère Alain et François CHEVAIS composent le jury du prix littéraire TABOU décerné à Jacques ROBERT le 31 décembre 1948.

Lucien Fleurier bis Orest ist hier eines der exaktesten Bilder des Menschen gezeichnet worden, die uns die Literatur je gegeben hat.‹ Jean-Paul Sartre selber, der im Chaos eines geschwächten Landes Anhänger und Bewunderer mitreißt, weiß offenbar sehr gut, wohin er will: Im übrigen gelten jetzt seine Roman- und Theaterhelden als Vorbilder. Insofern ist die Prophezeiung, die Paulhan mit einem lachenden und einem weinenden Auge seinem Freund Jouhandeau anvertraut, kaum überraschend: ›Sartre ist dabei‹, kündigt er Ende 1944 an, ›zur Leitfigur für Tausende von Jugendlichen zu werden.‹«

Annie Cohen-Solal, ›Sartre‹ (S. 349 f.)

einzurichten. Am 11.4.1947 eröffnete Lucas den Club, in dem zunächst nur nach Platten getanzt wurde. Das änderte sich, als Frédéric Chauvelot im Juni 1947 die Leitung übernahm und Boris Vian als Trompeter und Programmgestalter engagierte. Das ›Tabou‹ wurde nun ein Club der ›Jungen‹, die aus der benachbarten ›Bar Vert‹ herüberkamen: Boris Vian präsentierte Juliette Gréco, Anne-Marie Cazalis, Colette Lacroix, den ›Schreihals‹ Tarzan, Alexandre Astruc, Gabriel Pomerand sowie Alain Vian, der als Nicolas Vergencèdre auch Gedichte schrieb und zum Vortrag brachte.

Gelegentlich hatte der Trompeter Boris Vian schon Solotouren unternommen und auch kleinere Formationen angeführt, so 1944 in einer Show, die zugunsten der FFI (Forces Françaises de l'Intérieur, bewaffnete nationale Widerstandsorganisation) veranstaltet wurde. Einige Male hatte er mit dem einst von ihm abschätzig beurteilten Eddie Barclay zusammen gespielt, und als er im ›Tabou‹ anfing, war Boris Vian längst kein Keller-Anfänger mehr: sein erster Auftritt dieser Art war am 5.10.1946 im ›Lorientais‹ (im Keller des ›Hotel des Lorientais‹), rue des Carmes, als er gemeinsam mit dem Major und Jean d'Halluin im Gefolge erschien, um Claude Luter und seinen Musikern zuzuhören, die hier ihr Domizil aufgeschlagen hatten. Im ›Lorientais‹ war er fortan Stammgast, er führte auch Queneau, Sartre, Lefèvre-Pontalis und Claude Abadie dort ein, gab je nach Laune eine kurze Einlage, und am 21.4.1947 spielte einmal das Orchester Abadie anstelle der Formation von Claude Luter. Ansonsten lehnte Abadie das Spielen in Kellern ohne feste Bezahlung ab, er wollte wie ein echter Amateur oder wie ein Berufsmusiker behandelt werden, er betrachtete diese Kelleratmosphäre nicht

Seite 68:
Loulou Guionet, Gus, Raymond Queneau, Boris Vian, Michelle Léglise-Vian, François Chevais und Alain Vian geben ihre Stimme ab für den ›Prix du Tabou‹

links:
Im ›Tabou‹ 1947: Anne-Marie Cazalis und Juliette Gréco

als Lebenselixier, er führte ein geregelteres Leben als beispielsweise Boris Vian, für den die Kellernächte eine erweiterte Form von Surprise-Parties waren – eben Zusammenkünfte mit Freunden, die hier ihre Musik hören oder spielen wollten, ihre Gedichte vortrugen oder Lieder sangen, Gespräche führten und tanzten.

Selbstverständlich blieb man nie lange unter sich, immer nur die ersten Wochen eines neuen Lokals oder Clubs waren spannend, voller Überraschungen und brachten Unerwartetes. Sowie die Zahl der Zaungäste stieg, weil die Zeitungen den neuen Geheimtip ihren Lesern verraten und als Existentialistenkeller in Verruf gebracht hatten, zogen sich die eigentlichen Stammgäste zurück. Das ›Tabou‹ war der letzte ›Amateur‹-Club, und für einige Monate gelang es Boris Vian tatsächlich, dem Lokal ein unverwechselbares Klima zu geben und mit seiner Trompete den Stil zu prägen.

Der Skandal um den Roman ›Ich werde auf eure Gräber spucken‹, von dem noch zu berichten sein wird, begann Wellen zu schlagen, und da Boris Vian sich zur Autorschaft bekannt hatte, waren dem ›Tabou‹ nicht abreißende Schlagzeilen in der Presse sicher. Besonders der ›Samedi-Soir‹ hielt seine Leser mit Klatschgeschichten über die prominenten Besucher des Jazzkellers in der rue Dauphine auf dem laufenden. Wer Rang und Namen im Film oder auf der

Steckbrief des Existentialisten

Männlich:
- Buschiges Haar, das in Locken über die Stirn fällt. (Vergleiche das berühmte Portrait von Arthur Rimbaud, dem Schutzheiligen der Existentialisten).
- Offenes Hemd bis zum Nabel, Sommer wie Winter.
- Knallbunte Socken, mit vielfarbigen Querstreifen.
- Der Existentialist, sofern er kein Kissen hat, in dem sein Kopf wohlgebettet ist, trenne sich nie von Sullivans Buch »Ich werde auf eure Gräber spucken.«

Weiblich:
- Haar, das bis zur Brust reicht.
- In den Hosentaschen einige dressierte weiße Mäuse.
- Der Gebrauch von Schminke ist streng untersagt.

Bühne hatte, wollte hier nicht fehlen. Maurice Chevalier erwies Boris Vian die Ehre, Yves Montand, Pierre Brasseur, Marcel Aymé und Martine Carol ließen es sich nicht nehmen, bei einer der ›tollen Nächte‹ mitzuwirken, und der Schauspieler, Imitator und Revuestar Marc Doelnitz, ein trinkfreudiger Nachtfalter und leichter Vogel mit der Aura eines baltischen Barons, schleppte die vielen falschen und echten Herzoginnen von Paris, die ihm zu Füßen lagen, in den Keller. Das ›Tabou‹ war schließlich so bekannt, daß das französische Radio am 22.11.1947 mit seinen Hörern einen ganzen Abend dort verbrachte. Das Orchester Boris Vian spielte damals meistens in folgender Zusammensetzung: Boris Vian (Trompete), Christian Viénot (Posaune), Alain Vian oder Jean Berdin (Schlagzeug) und Michou Sicart, der Sohn der Lehrerin von Juliette Gréco, am Klavier.

Nicht ohne Neid betrachtete Boris Vian Sartres Erfolg als Schriftsteller. Das Erscheinen seines von Gallimard 1945 angenommenen Romans ›Drehwurm, Swing und das Plankton‹ ließ auf sich warten, erst mußte vom Verlag die Nachfrage nach ausländischer Literatur, die man während der Jahre der Okkupation nicht verlegen durfte, gedeckt werden. Amerikanischer Schriftsteller müßte man sein, sagte sich Boris Vian, von Sartre in Amerika entdeckt und dem französischen Publikum unter die Nase gerieben werden. Wie wird man ein erfolgreicher Schriftsteller? Wie verdient man Geld mit Literatur? Der Verleger Jean d'Halluin, ein Bruder des Abadie-Orchester-Mitglieds Georges d'Halluin, empfahl Boris Vian als Rezept für ein erfolgreiches Buch eine Mischung aus Henry Miller, William Faulkner und Hemingway – der amerikanische Roman mit dem Typ des ›hard-boiled man‹ als Helden stand hoch im Kurs im

Wie der Existentialist seine Zeit einteilt:

Im Frühling und im Sommer:
Von 11 bis 1 Uhr: Sonnenbad im ›Flore‹
1 Uhr: Mittagessen, meistens auf Pump, in einem der Bistros des Viertels. Eins dieser Bistros, in der rue Jacob, heißt in eingeweihten Kreisen ›Les Assasins‹
Von 3–6 Uhr: Café, im ›Flore‹
Von 6–½7 Uhr: Arbeit in einem der Räume, wo sich einer der raren Existentialisten bis jetzt behaupten konnte.
Von ½7–8 Uhr: ›Flore‹.
Von 8 Uhr bis Mitternacht: ›Bar Vert‹
Von Mitternacht bis 10 Uhr früh: ›Tabou‹
Sonntags: statt im ›Flore‹ im ›Deux Magots‹
Samstags: statt im ›Tabou‹ im ›Bal Nègre‹.

Boris Vian

befreiten Frankreich. Vian betrachtete die Auskunft als Aufforderung, den gewünschten Roman zu liefern, und als eine Gelegenheit, für sich und den Verlag d'Halluins, ›Scorpion‹, der nicht sonderlich florierte, schnell zu Geld zu kommen. Er ging die Wette ein, ein derartiges Buch in allenfalls vierzehn Tagen verfassen zu können, und er gewann sie mühelos: In seinen zwei Urlaubswochen im August 1946 schrieb er in Saint-Jean-de-Monts den Roman ›Ich werde auf eure Gräber spucken‹, der mit der Verfasserangabe Vernon Sullivan und mit der Anmerkung »übersetzt aus dem Amerikanischen von Boris Vian« bereits im November 1946 auf den Markt kam. Sullivan wurde vom Übersetzer als amerikanischer Schwarzer vorgestellt, der seinem Aussehen nach als Weißer gelten konnte, seinem Wesen nach sich aber weiterhin als Schwarzer verhielt, der die Rassenvorurteile der Weißen bekämpfte und sich gegen den in einer bestimmten Sorte von Literatur gepflegten Typ des ›guten Negers‹ verwahrte.

Der Roman – voller Sex, Rassenverfolgung, Whisky, Gewalt, Blut und Mord – erregte entsprechendes Aufsehen, brachte die gewünschten Schlagzeilen und wurde sehr gut verkauft. Die literarische Kritik begann die Sache sensationslüstern zu vermarkten und spaltete sich wie erwartet in leidenschaftliche Gegner und enthusiastische Befürworter. Die Stichworte hatte ihnen Vian bereits im Vorwort (die hanebüchenen Beurteilungen voraussehend) boshafterweise mitgeliefert: »Hier werden ihm unsere wohlbekannten Moralisten den auf gewissen Seiten zu weitgehenden Realismus vorwerfen. Es scheint uns jedoch interessant, auf den grundlegenden Unterschied zwischen diesen Seiten und den Schriften Millers hinzuweisen; Miller zögert in keinem Fall, sich der dras-

»Anscheinend wagte kein amerikanischer Verlag, dieses krankhafte Elaborat eines Mestizen zu veröffentlichen. Das gereicht den amerikanischen Verlegern zur Ehre, und man muß es bedauern, daß sich in Frankreich ein Übersetzer und ein Unternehmen zum Verbreiten dieser schwachsinnigen und unanständigen Flegelei gefunden haben. Auf dieses Buch kann man spucken.« *Dépêche de Paris, 21.11.1946*

Buchumschlag der ebenfalls in Paris verlegten ›Original‹-Ausgabe tischen Wörter zu bedienen; Sullivan hingegen scheint darauf bedacht zu sein, weniger durch den Gebrauch des kruden Worts als durch Wendungen und Satzkonstruktionen anzudeuten; in dieser Hinsicht nähert er sich eher der erotischen Tradition der romanischen Länder.« Solche Literaturversteckspielerei beherrschte Vian souverän. Trotz spielerischer Gebärden, genau kalkulierter Wirkungen und übernommener literarischer Muster war ein Roman entstanden, der seine unverkennbare Handschrift trug: ›Ich werde auf eure Gräber spucken‹ war eine bitterböse Attacke gegen den Rassismus im Gewand eines Sexthrillers, nicht zuletzt geschrieben aus der verzweifelten Erkenntnis, daß die Leute möglichst nur Geschichten lesen wollen, die sie schon kennen.

Als im Februar 1947 gegen Sullivans Roman Klage erhoben wurde, weil er geeignet sei, »Jugendliche zur Ausschweifung zu verleiten«, stieg die Nachfrage, und weitere Auflagen konnten gedruckt werden. Der Skandal war perfekt, als ein Exemplar des umstrittenen Thrillers an der Stätte eines Gewaltverbrechens aufgefunden wurde. Im Nachwort zu seinem zweiten Sullivan-Buch, ›Tote haben alle dieselbe Haut‹, bescheinigte Vian unmißverständlich der Kritik, die seine 1947 erschienenen ›seriösen‹ Romane wie ›Drehwurm, Swing und das Plankton‹, ›Der Schaum der Tage‹ und ›Herbst in Peking‹ kaum der Beachtung für wert befunden hatte, ihre Fähigkeit, literarische Erfolge zu kreieren. Seine Autorschaft sprach sich herum, denn der Verleger konnte nicht länger schweigen, als sich die Gerichte mit Sullivan zu beschäftigen begannen und das inkriminierte Buch nicht mehr verkauft werden durfte. Im Juli 1949 wurde ›Ich werde auf eure Gräber spucken‹ verboten. Der Prozeß gegen Vian

In seinem Arbeitszimmer
in der Nr. 8 des blv. de clichy, Paris

ging durch mehrere Instanzen und zog sich bis 1953 hin. Er wurde freigesprochen, ein andermal zu einer Geldstrafe, schließlich zu zwei Wochen Haft verurteilt, die er aber nicht abzusitzen brauchte.

Zwei weitere Sullivans erschienen, blieben aber ebenso unbeachtet und erfolglos wie die 1950 und 1953 publizierten Romane ›Das rote Gras‹ und ›Der Herzausreißer‹. Die meisten Kritiker verziehen Vian nicht, daß er sie zum Narren gehalten und die Gesetze des Literaturbetriebs mißachtet hatte. Entmutigt, aber auch aus finanziellen Erwägungen, schrieb er seit Beginn der fünfziger Jahre keine Romane mehr.

Die Kreierung des Autors Vernon Sullivan war Boris Vians erstaunlichster Coup, jedenfalls die kassenträchtigste Erfindung seines Lebens. Er huldigte mit dem Pseudonym dem Amateurmusiker Paul Vernon im Orchester von Claude Abadie, dessen eigentlicher Beruf Zahnchirurg war, sowie dem Jazzpianisten Joe Sullivan, einem führenden Vertreter des Chicago-Stils. Vians Jahreseinkommen als Ingenieur betrug zuletzt knapp 200.000 Francs, als Vernon Sullivan verdiente er in der Zeit von Ende 1946 bis 1950 pro Jahr gut die fünffache Summe. Der Verlag Scorpion zahlte ihm in jenen Jahren insgesamt viereinhalb Millionen Francs, knapp zweieinhalb Millionen entfielen auf ›Ich werde auf eure Gräber spucken‹. Von den verbleibenden zwei Millionen Francs erbrachten die drei anderen Sullivan-Titel 1,8 Millionen Francs, und die restlichen 200.000 Francs waren die Einkünfte aus Vians Büchern ›Herbst in Peking‹ und ›Die Ameisen‹. Als Vernon Sullivan erhielt der Autor fünfzehn Prozent, als Boris Vian nur zehn Prozent vom Verkaufspreis. Das Kapitel Vernon Sullivan war in jeder Beziehung ein kleines kapita-

»Auf diese Weise lernte ich Vian in der Bar des ›Pont-Royal‹ kennen. Er hatte bei Gallimard ein Manuskript eingereicht, das Queneau sehr gut gefiel. Ich trank zusammen mit ihnen und Astruc ein Glas und stellte fest, daß Vian sich gern reden hörte und einen allzu ausgeprägten Hang zum Paradoxen hatte. Im März gab er eine ›Party‹. Als ich hinkam, hatten alle schon ziemlich viel getrunken. Seine Frau Michelle, mit ihren langen, seidig blonden Haaren, die bis auf die Schultern herabhingen, lächelte verklärt. Astruc schlief mit nackten Füßen ➛

Alexandre Astruc, Filmregisseur und Filmkritiker (»Die Kamera als Federhalter«)

listisches Lehrstück für Boris Vian, der Schlüssel zum Erfolg dabei die Affäre um den Roman ›Ich werde auf eure Gräber spucken‹.

Ein Bestseller wäre dieses auf Bestellung verfertigte Buch nie geworden, wenn Daniel Parker und sein ›Cartel d'action sociale et morale‹ nicht geklagt und die Einstufung als jugendgefährdendes Schrifttum nicht erreicht hätten. Daß dann der Handelsvertreter Edmond Rougé neben der Leiche der von ihm ermordeten Anne-Marie Masson in einem Stundenhotel an der gare du Montparnasse ein Exemplar des Romans zurückließ, erwies sich als weitere Gratiswerbung. Boris Vian bemühte sich, das Lehrstück weiterzuspielen, und hoffte, die Trennung Sullivan und Vian aufrechterhalten zu können. Er investierte viel Zeit und Mühe, dem Gericht, wenn nicht direkt den Autor, so doch immerhin das amerikanische ›Original‹ des von ihm übersetzten Werks vorzulegen, und verfaßte mit Hilfe eines amerikanischen Mitarbeiters von ›Les Temps Modernes‹, Milton Rosenthal, auch noch ›I shall spit on your graves‹. Das Buch erschien 1948 in der ›Vendôme Press (en vente aux Éditions du Scorpion)‹, doch mittlerweile wußten zu viele Freunde in den Kellern von Saint-Germain von der Wette mit dem Verleger Jean d'Halluin, es ging um zuviel Geld, und aus dem Spaß wurde bitterer Ernst. Als Vians Autorschaft bekannt wurde, brach man in seiner Wohnung in der rue Faubourg Poissonnière ein, dem ›Pornograph‹ sollte ein Denkzettel verpaßt werden. Eine Art Fluch lastete plötzlich auf dem Sensationserfolg. Boris Vian saß in der Zwickmühle: Wie den Erfolg nutzen und doch er selbst bleiben?

Da der Hauptanteil seiner Einnahmen aus dem Verkauf von ›Ich werde auf eure Gräber spucken‹ stammte, wirkte sich das Verkaufs-

auf dem Sofa. Ich trank ebenfalls recht tapfer und hörte mir frisch aus Amerika importierte Schallplatten an. Gegen zwei Uhr morgens offerierte mir Boris eine Tasse Kaffee. Wir saßen in der Küche und unterhielten uns bis zum Morgengrauen: über seinen Roman, über Jazz, über Literatur, über seinen Ingenieurberuf. Aus diesem länglichen glatten Gesicht und den weißen Händen sprach nichts Affektiertes mehr, sondern eher ein außerordentlicher Zartsinn und eine Art eigensinniger Aufrichtigkeit. Vians Abscheu vor ›den Scheusalen‹ war ebenso glühend wie seine Liebe zu dem, was ihm am Herzen lag. Er blies Trompete, obwohl sein Herz es nicht zuließ. (›Wenn Sie so weitermachen, sind Sie in zehn Jahren tot‹, hatte der Arzt zu ihm gesagt.) Wir plauderten, und der Tag kam viel zu schnell. Diese flüchtigen Augenblicke ewiger Freundschaft waren für mich äußerst wertvoll, wenn es mir vergönnt war, sie zu genießen.«

Simone de Beauvoir, ›Der Lauf der Dinge‹ (S. 66f.)

verbot dieses Titels vom 3.7.1949 ausgesprochen verheerend aus, denn der Roman war zu diesem Zeitpunkt nach wie vor der Renner und das Zugpferd für die weiteren Bücher des Autors. Ohne diesen Titel gingen die übrigen nicht mehr.

Die im Verlag Scorpion erschienenen Bücher von Boris Vian erzielten folgende Auflagen (verkaufte Exemplare):

›Ich werde auf eure Gräber spucken‹	110.132
›Tote haben alle dieselbe Haut‹	42.649
›Wir werden alle Fiesen killen‹	24.679
›Sie kapieren nicht‹	6.831
›Herbst in Peking‹	5.277
›Die Ameisen‹	4.968

[Nicht enthalten in diesen Zahlen sind die Presse- und Freiexemplare, die 279 (von 960) verkauften Exemplare einer Luxusausgabe von ›Ich werde auf eure Gräber spucken‹ mit Illustrationen von Jean Boullet sowie die circa 1.500 verkauften Exemplare der englischen Version ›I shall spit on your graves‹.]

Ein Versuch, den spektakulären Erfolg von ›Ich werde auf eure Gräber spucken‹ auszunutzen und zugleich das Ergreifende, politisch Erregende des Stoffs zu betonen, war die Dramatisierung, die Boris Vian Ende 1947 von seinem Roman herstellte. Bewußt spekulierte er dabei auf den Erfolg, den Sartre mit seinem antirassistischen Drama ›Die ehrbare Dirne‹ errungen hatte, ein Erfolg übrigens, der ebenfalls weniger der Parteilichkeit des Autors in der Rassenfrage als dem Pornographieverdacht zu verdanken war: In Frankreich durfte Sartres Stück damals nur verschämt ›La P ... respectueuse‹

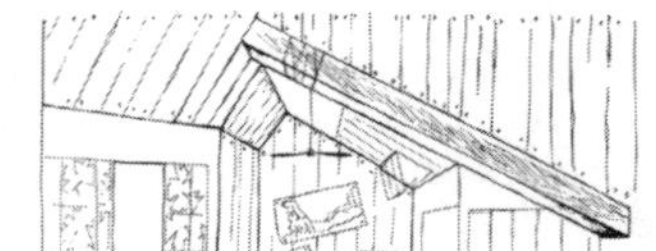

Bühnenbildskizze für ›Ich werde auf eure Gräber spucken‹ von Jean Boullet

Programmheftumschlag der Aufführung im Théâtre Verlaine [Ausschnitt]

genannt werden. Mit seiner Dramatisierung wollte Vian den Pornographieverdacht, der auf dem Roman lastete, widerlegen, ohne sich von seiner Überzeugung zu trennen, daß jede echte Literatur nicht ohne ›Pornographie‹ auskommt – was er dann ausführlich in einem Vortrag ›Von der Nützlichkeit einer erotischen Literatur‹ am 14.6. 1948 im Club Saint-James in Paris erläuterte: »... Kriegsliteratur ist erlaubt und wird sogar gefördert ... Aber wenn ein armer Teufel ein bißchen detailliert auf den geschmeidigen Lendenschwung seiner Vielgeliebten eingeht oder sonstwelche bemerkenswerten und verlockenden Einzelheiten ihrer Anatomie enthüllt, wird augenblicklich zum Halali geblasen! Er wird rüde beschimpft, attackiert, man macht ihm den Prozeß und beschlagnahmt seine Bücher.«

Im Januar 1948 las Boris Vian seine Bühnenfassung im ›Théâtre Daunou‹ einem ausgewählten Publikum von Künstlern und Journalisten vor. Besetzungspläne wurden in den Zeitungen erörtert und zerschlugen sich prompt wieder, ehe sie bestätigt oder dementiert werden konnten. Yves Montand war die Wunschbesetzung für die Rolle des Lee Anderson, die Namen von Martine Carol und Gaby Andreu tauchten auf – doch alle Stars sprangen ab, als sie merkten, daß dieses Stück mehr als nur ein Presse-Skandal zu werden versprach. Den Mut zur Aufführung hatte dann nur das kleine ›Théâtre Verlaine‹. Regie führte Fred Pasquali in enger Zusammenarbeit mit dem Autor, das Bühnenbild und die Kostüme entwarf der Maler Jean Boullet. Das Urteil der Kritiker, die sich überhaupt in dieses Theater bemühten, entsprach ihrem Vorurteil, auf Grund dessen sie gezögert hatten, die Vorstellung mit ihrem Besuch zu beehren. Sie empfanden das Stück, vom Theater etwas großmäulig als »gewagte-

Die Schauspieler der Aufführung stoßen mit Boris Vian auf die Premiere an: Daniel Ivernel, Boris Vian, Anne Campion, Véra Norman, Jacqueline Pierreux und Danielle Godet stes Stück der Saison« angekündigt, als schwerfällig, phrasenhaft und schlecht konstruiert. Nur wenige Zeitungen setzten sich mit dem politischen Hintergrund auseinander, und Jacques Lemarchand, ein persönlicher Freund allerdings, spielte das Spiel im ›Combat‹ ganz im Sinne des Autors mit und erzählte vom Zusammentreffen mit Sullivan in der Columbia University im Jahr drei des Bebop und dessen Überlegungen zur Rassenfrage, deren Verbreitung in Europa Boris Vian dankenswerterweise übernommen habe. Ein Renner wie der Roman wurde die Aufführung nicht, das kleine Theater strich sie nach knapp drei Monaten vom Spielplan.

Glückwünsche zur Premiere: Félix Labisse, Anne-Marie Cazalis, Jean Boullet (Mitte), Lise Deharme und Boris Vian

Nach einer Vernehmung Boris Vians beim Untersuchungsrichter Baurès am 23.11.1948 spielte Jean-François Devay im ›Combat‹ noch einmal das Versteckspiel mit und brachte ein Interview mit Boris Vian:

»Es scheint, daß Sie schließlich bei M. Baurès doch zugegeben haben, daß Sie der Autor von ›Ich werde auf eure Gräber spucken‹ sind …«

»Ja, aber ich habe gelogen.«

»Vernon Sullivan gibt es?«

»Natürlich. Der Beweis ist, daß meine eigenen Bücher in einem völlig anderen Stil geschrieben sind.«

»Weshalb richtet sich die Klage gegen Sie?«

»Um ihn zu schonen. Wenn er in Frankreich verfolgt würde, hätte er die allergrößten Schwierigkeiten, überhaupt hierherzukommen.«

ICH WERDE AUF EURE GRÄBER SPUCKEN

Stück in drei Akten von Boris Vian

Daß Leute im Titel dieses Stücks eine Provokation gesehen haben, kann einem schon seltsam erscheinen.

Jemand anspucken ist zweifellos verwerflich (außer wenn die betreffende Person darum gebeten hat); doch keiner kann bestreiten, daß das Spucken auf ein Grab oder neben ein Grab (das heißt ganz einfach auf den Boden) für den Benutzer im Innern des Grabs auf dasselbe hinausläuft; ihn betrifft es schließlich, denn den Benutzern außerhalb steht es schlecht an, sich zu beklagen, sie sind, unter anderen, nur eine Art von Parasiten.

Der Titel also hat eine Menge Leute schockiert, darunter den Erzbischof. Dieser Herr, die Gymnasien und verschiedene öffentliche Stellen kümmern sich tatsächlich darum, daß kleine emaillierte (oder sonstwelche) Schilder angebracht werden, zwecks Verbots des Ausspuckens in jeglicher Form, unter Berufung auf den Vorwand, es müßten grundsätzliche Vorsichtsmaßnahmen gegen Tuberkulose getroffen werden. Ich leugne das wahrlich nicht; aber das beste wäre doch, die Kinder unter guten Bedingungen auf dem Land aufwachsen zu lassen, statt sie in stinkende Schulanstalten zu schicken, und die Metro zu desinfizieren (indem man sie zum Beispiel abschafft und durch kleine grüne Wege mit Haselnußsträuchern und Winden ersetzt, auf denen die Menschen lieber spazierengehen sollten, als ihre Zeit in immer nicht zuständigen Büros zu verplempern). Und niemand kann bestrei-

»*Sehr edel von Ihnen.*«
»Ich bin so veranlagt.«
»*Sie haben keinen Anwalt genommen?*«
»Nein, die lügen nicht gut genug. Sie sind vom Fach, haben aber keine Phantasie.«
»*Was werden Sie tun?*«
»Leiden und die Bühnenfassung eines Stücks vorbereiten. Eines Stücks von mir, diesmal ›Abdeckerei für alle‹.«
»*Werden Sie mich mit Vernon Sullivan bekanntmachen?*«
»Mit Vergnügen. Er wird Weihnachten nach Paris kommen. Plaudern Sie es nicht aus.«

ten, daß es viel gesünder ist, auf Gräber zu spucken als seine Bazillen mitten unter den Lebenden auszuschleimen. In Kenntnis dieser wenigen Ausführungen ist es leicht, sich darüber Rechenschaft abzulegen, daß der Titel ›Ich werde auf eure Gräber spucken‹ in keiner Beziehung zum Stück steht, das Sie sehen werden, und auch zum Buch keine gehabt hat. Übrigens ist es an der Zeit, hier daran zu erinnern, wie absolut überflüssig es ist, daß sich ein Titel auf ein Werk (sic) bezieht, das ihn trägt. Der Titel ist wesentlich an sich und genügt sich selbst. Weil der Titel auf die Kunden Eindruck zu machen schien, war es (kaufmännisch gesprochen) vernünftig, seinen Gebrauch aufs Theater auszudehnen.

Aus plausiblen Gründen übrigens fügt es sich jedoch, daß die im Stück erzählte Fabel mit der des Buchs identisch ist. Unweigerlich wird das diejenigen enttäuschen, die etwas Neues erwarten. Doch müssen einerseits diejenigen, die das Buch nicht gelesen haben (und das sind Gott sei Dank viele), und andererseits diejenigen, die der vorweg getroffenen Schlußfolgerung nicht beipflichten, schlau draus werden. Um was geht es also? Jeder kennt das beschissene Leben der armen Weißen in den Südstaaten der USA. James Agee, Erskine Caldwell und viele andere Autoren haben es uns lang und breit geschildert in Werken, in denen das Peinliche dem Ergreifenden den Rang streitig macht, in denen das Sinnliche schwülstig auf dem Erotischen lastet usw. usw. Die armen Weißen langweilen sich im großen und ganzen. Folglich angeln sie sich von Zeit zu Zeit, weil es in den USA (ein Glücksfall) Schwarze gibt, einen Schwarzen (nennen wir ihn beispielsweise Danny) und hängen sich an ihn, um sich zu zerstreuen; oft übergießt man ihn, um der Show eine pikante Note zu geben, mit Pech oder Teer und zündet ihn an.

Nun kommt es aber vor, daß Danny einen Bruder hat, Lee Anderson; Lee ist ein Mestize ganz besonderer Art: er weist alle Merkmale eines Weißen auf.

Wenn man sich an den Weißen rächen will, trifft es sich gut, wenn man für einen der ihren gehalten wird; es erlaubt einem, repräsentative Opfer auszusuchen. Das versucht dieses unprätentiöse Stück zu veranschaulichen. Es hat vier weibliche Rollen, weil es sehr angenehm ist, hübsche Mädchen anzusehen, wie Anne Campion, Danielle Godet, Véra Norman und Jacqueline Pierreux (in alphabetischer Reihenfolge, damit sie mir nicht die Augen auskratzen), selbst wenn man ihnen am Schluß den Bauch aufschlitzt; doch im Theater weiß man ja, daß sie nicht wirklich sterben.

Ich füge hinzu, daß ich dieses Stück ohne George Vallis nie geschrieben hätte. Er hat mich auf die Idee gebracht; es ist schön, daß jeder zu dem steht, wofür er verantwortlich ist.

Boris Vian, 5.4.1948

Die Jazzfans von Paris bewegte im Oktober 1947 die spektakuläre Spaltung des Hot Club de France, dessen alte Gründungsmitglieder um Hugues Panassié dem Vormarsch des Bebop Einhalt gebieten wollten. Boris Vian unterstützte die von Charles Delaunay angeführte Mehrheitsfraktion, obwohl seine persönlichen Vorlieben durchaus den ›alten‹ Formen des Jazz, dem New Orleans, Dixieland und Chicago-Stil, galten, die Panassié nun so vehement gegen die Bebop-Anhänger ins Feld führte. Es ging besonders um die Fragen

Seite 80: Henri Leduc, Jean Grémillon, Pierre Kast und Frédéric Chauvelot in der Buchhandlung des Clubs ›Saint-Germain-des-Prés‹

Henri Leduc, der gebildetste und fürsorglichste Barmann des Existentialistenviertels, kümmerte sich um das leibliche Wohl bzw. die Kehlen der Akteure, Musiker und illustren Gäste im Club ›Saint-Germain-des-Prés‹. – Der Filmregisseur Jean Grémillon drehte Spiel- und hervorragende Dokumentarfilme und war ursprünglich Geiger in kleinen Kinoorchestern: 1943–48 leitete er die Cinémathèque Française. – Pierre Kast lernte sehr viel von ihm, er und Boris Vian ließen sich manch interessantes Filmdokument von Grémillon vorführen. – Frédéric Chauvelot war der zeitweilige Leiter des ›Tabou‹ und Gründer des Clubs ›Saint-Germain-des Prés‹.

der Vermittlung des Jazz. Panassié lehnte die Popularisierung, die meistens mit einer Trivialisierung musikalischer Gesetze einherging, entschieden ab, ihm mißfiel das ›Wilde‹, die modische Gebärde des neuen Jazz. Letztlich war er ein Anhänger und hervorragender Kenner, kein Künstler, dessen Ausdrucksform der Jazz war. Boris Vian bezog zugunsten der Verausgabung des Lebens im Jazz Stellung, er vertrat in jenen Tagen des ›Tabou‹ vor allem die Meinung, die neuen Ausdrucksformen könnten dem nur von Nutzen sein. Die Bebop-Bewegung begrüßte er ausdrücklich, sprang ihr auch publizistisch bei und polemisierte gegen die unbewegliche Dogmengesinnung der Traditionalisten. Im Laufe seiner endlosen, für Eingeweihte immer vergnüglichen Auseinandersetzungen mit Panassié opferte Vian auch einige ehemals verehrte Götter wie den Klarinettisten Milton Mezz Mezzrow auf dem Altar seiner Polemik, dessen Spiel ihm inzwischen wohl auch nicht mehr virtuos genug war und nur noch wie der Vollzug eines ›Stils‹ vorkam.

Im Frühjahr 1948 zogen sich die Besitzer des ›Tabou‹ wegen des Lärms um diese angebliche Lasterzentrale modisch verkommener Existentialisten diskret zurück; reine Geschäftsleute übernahmen die Leitung und setzten nunmehr skrupellos auf die Touristenkundschaft, die, von Reisebüros angelockt, »in eine Welt jenseits aller Moral und bürgerlicher Ordnung« blicken sowie sich einmal vom »makabren Charme« der Kellerboheme schockieren lassen sollte. Frédéric Chauvelot gab den Club auf und gründete in der rue Saint-Benoît den ›Club Saint-Germain-des-Prés‹, wohin ihm Boris Vian folgte, während sein Bruder Alain im ›Tabou‹ blieb. Der neue Club wurde am 11.6.1948 eröffnet, bot aber nicht mehr die offene,

Im Restaurant ›Chez Carrère‹ am 21. 7. 1948: Duke Ellington, Michelle und Boris Vian

turbulente und freimütige Atmosphäre, die einmal das Markenzeichen des ›Tabou‹ gewesen war. Für die Jugend war der ›Club Saint-Germain-des-Prés‹ zu exklusiv und zu teuer. Allerdings wurde erstklassiger Jazz geboten, die hervorragendsten Musiker der internationalen Jazzszene spielten hier, keine Amateure mehr, sondern Berufsmusiker, die ihren Preis hatten.

Im ›Saint-Germain-des-Prés‹ spielte Boris Vian anfangs noch Trompete und wirkte bei dem einen oder anderen Titel in der Formation von Jean-Claude Fohrenbach mit, die in der Regel als Hausorchester engagiert war. Fohrenbach, einer der besten Jazzer in Frankreich, spielte Tenorsaxophon, Benny Vasseur Posaune, Guy Lognon Trompete, Totol Masselier Kontrabaß, Maurice Vander saß am Klavier und Robert Barnet am Schlagzeug. Neben der Fohrenbach-Band spielte längere Zeit das ausgezeichnete Bop-Ensemble von Hubert Fol im ›Saint-Germain-des-Prés‹. Die Attraktion des Clubs aber waren die von Boris Vian präsentierten Gastauftritte von Duke Ellington, Charlie Parker, Miles Davis, Max Roach, Kenny Clarke u.v.a. Beliebte Ereignisse waren außerdem spezielle ›Nächte‹: die ›Nacht 1925‹, die ›Nacht der Unschuld‹, die ›Nacht des Kinos‹, Veranstaltungen, zu denen die phantasiebegabten Couturiers, Kostümdesigner, Coiffeurs und Gastronomen wesentlich beitrugen. Vor allen Dingen Marc Doelnitz war dabei ein unübertroffener Arrangeur. Boris Vian trat bei Galakonzerten und Wohltätigkeitsveranstaltungen einige Male auch außerhalb des Kellers als Trompeter in Erscheinung, so bei einer ›Langen Nacht von Paris‹ zugunsten der Gewerkschaft der Artisten und Schauspieler, die am 30.6.1948 unter der Schirmherrschaft der Präsidentengattin Madame Vincent

Saint-Germain-des Prés

»Zwischen Sartre und der neuen Fauna von Saint-Germain-des-Prés herrschte ein stillschweigender Konsens, der mehrere Punkte umfaßte, beispielsweise die neue und schwarzenfreundliche Exotik und den Jazz, die Ästhetik der Angst oder eine ruhelose, versessene Lebensgier, einen gewissen Kult des Populismus und, über die Sprache, eine regelrechte Subversion der traditionellen Werte. Als Ende 1946 und Anfang 1947 die Bebop-Tänzer und Jazztrompeter die wiederentdeckten Keller von Saint-Germain-des-Prés in Beschlag nahmen und jene anzogen, die sich vom Überschwang der Sinne in langen schlaflosen Nächten eine Antwort, eine Provokation oder eine Ästhetik versprachen, hieß es in der Presse ohne Wenn und Aber: ›die existentialistischen Keller‹. Daß Sartre persönlich sie so gut wie nie betrat, war unerheblich. Wieder einmal wurde ein Lebensstil – seiner –, eine philosophische Lehre – seine – mit dem Verhalten einer Generation

➻

Auriol in einem Zirkus über die Bühne ging. Zu den Mitwirkenden gehörten – neben Martine Carol, Jean Marais, einer Folies-Bergère-Revuetruppe, fünf indischen, von Pierre Balmain und Jacques Fath nach der ›New Look‹-Mode eingekleideten, Elefanten, Rita Hayworth, Ingrid Bergman, 16 Pferden, 6 Tigern, Yves Montand, Pierre Fresnay – auch ›Boris Vian und die Entfesselten vom Club Saint-Germain-des-Prés‹.

Boris Vian beschränkte sich im ›Saint-Germain-des-Prés‹ sehr bald auf die Rolle des ›Animateurs‹, er war verantwortlich für die Programmgestaltung, er sorgte dafür, daß die amerikanischen Jazzmusiker, wenn sie nach Frankreich kamen, von ihm empfangen wurden und im Club Spezialauftritte absolvierten. Dann aber kam Boris Vian selbst nur noch als Gast in den Keller. Außer im ›Saint-Germain-des-Prés‹ tauchte er 1949 und 1950 auch manchmal im ›Club du Vieux Colombier‹ auf, den Marc Doelnitz im Dezember 1948 gegründet hatte und wo Claude Luter spielte sowie eine Bebop-Band unter Leitung des Tenorsaxophonisten Don Byas, der einst zum Orchester von Count Basie gehört hatte. Hier verkehrten auch Orson Welles, Martine Carol, Joseph Cotten, Marcel Aymé und der Bühnenbildner Christian Bérard. Öfters besuchte Boris Vian außerdem den ›Club de la Rose Rouge‹ in der rue de Rennes, im Keller der Brasserie ›Lumina‹ gelegen, gegründet von dem Schauspieler Nico, der hier mit der ›Compagnie Grenier-Hussenot‹ und den ›Frères Jacques‹ eine Art Kleinkunstbühne betrieb, für die Boris Vian einige Sketchs verfaßte.

Seine Karriere als Trompeter mußte Boris Vian im Sommer 1948 vorzeitig abbrechen. Der Arzt riet ihm dringend, sich nicht mehr

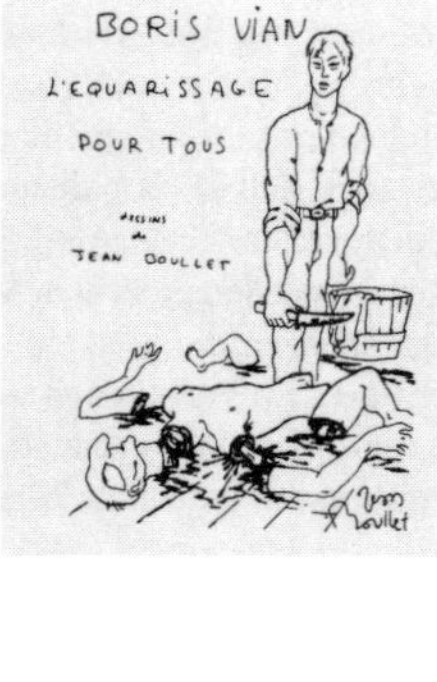

Umschlagentwürfe für die Buchausgabe des Stücks ›Abdeckerei für alle‹ von Jean Boullet (der linke Entwurf wurde vom Verleger verworfen)

Buchpremiere ›Kantilenen in Gelee‹, 1949: Miles Davis und Boris Vian

gleichgesetzt, ohne daß man überhaupt nachprüfte, ob diese ihn jemals gelesen hatte und sich in ihm wiederfand oder ihn ignorierte. Als Kriterium genügte damals, daß Sartre und diese Generation eine gemeinsame Kritik an den traditionellen Werten teilten, daß beide Jazz, Tanzrhythmen, Cafédiskussionen, die freie Liebe und eine gewisse Boheme im Alltag mochten, daß beide provozierend mit desillusioniertem Lachen eine Welt entdeckten, die innerhalb kürzester Zeit dem Wahn verfallen könnte. Zwischen Sartre und der Bevölkerung von Saint-Germain-des-Prés gab es zweifellos einige Berührungspunkte. ›Diese jungen Leute haben mit mir nichts zu tun und ich nichts mit ihnen ...‹ Verärgert über die übertriebenen Gleichsetzungen wird er später die Dinge doch noch klarstellen.

›Die Existentialisten müssen nicht mehr im *Flore* gesucht werden. Sie sind in die Keller geflüchtet ... Hier, vermutlich beim Warten auf ihre geliebte Atombombe, trinken, den Anstrengungen regelmäßiger Proben und längerer Auftritte zu unterziehen, und so übernahm Vian die Rolle des Programmgestalters im Club ›Saint-Germain-des-Prés‹ und erlaubte sich nur noch gelegentliche zwanglose Rückfälle. Statt dessen verlegte er sich jetzt hauptsächlich auf Präsentationen und Kritik. Von Ende 1947 an bis 1950 schrieb er Berichte und Kritiken für den ›Combat‹ und bis 1958 für die Fachzeitschrift ›Jazz Hot‹ Aufsätze, Polemiken, Plattenbesprechungen, aktuelle redaktionelle Notizen und Berichte.

»Jeder Puster in meine Trompete verkürzt mein Leben«, antwortete Boris Vian lakonisch, wenn ihn Journalisten bei Jazzkonzerten fragten, warum er nicht mehr in Abadies Orchester mitspiele. Der Verzicht fiel ihm schwer, aber die vielen Aktivitäten, bei denen sein Talent gefragt war, und dann die Begegnungen mit den verehrten Meistern wie Charlie Parker und Miles Davis erleichterten es ihm, die Lust, sein geliebtes Instrument zu traktieren, zu unterdrücken und sich mit dem Unvermeidlichen abzufinden. Alle Ausdruckswut verlegte Boris Vian aufs Schreiben.

In den Jahren seiner Kellerregentschaft kam er sehr gut mit seiner Frau Michelle aus, die, was Jazz anging, ebenso fanatisch wie ihr Mann und überall, in den Cafés, bei den Parties und in den Clubs, mit dabei war. Viele Texte übersetzten beide gemeinsam aus dem Amerikanischen. Um die Erziehung des Sohns kümmerten sich die Mütter von Michelle und Boris. Im April 1948 wurde beider Tochter Carole geboren. Die Einkünfte reichten sogar noch zum Kauf eines Gebrauchtwagens. 1950 aber geriet die Ehe in eine ausweglose Krise, Vians Romane blieben ohne Echo, sein Erfolgsroman durfte nicht mehr verkauft werden, sein Stück ›Abdeckerei für alle‹ wurde

Als Autofahren noch Spaß machte ... Jugendliche Stammgäste des ›Tabou‹, im Auto hinten rechts der als ›Schreihals‹ berüchtigte Tarzan

heftigst abgelehnt und außerdem hatte Vian eine Unsumme Steuerschulden. Also beschloß er, den Ärzten zum Trotz, wieder Trompete zu spielen. Bei einer ›Nacht der Schönen Künste‹ in Nancy waren ›Boris Vian und sein Orchester‹ zweimal je eine Dreiviertelstunde zu hören, außerdem hatte Boris zwei Soloauftritte mit Bill Coleman und mit Pierre Braslavsky. Danach machte er den Versuch, zusammen mit Jean-Claude Fohrenbach eine Band zu gründen. Schließlich bot Claude Abadie den beiden an, wieder voll bei ihm einzusteigen. Die neue Formation brachte es innerhalb kurzer Zeit noch einmal zu erstaunlicher Virtuosität. 1951 aber war definitiv Schluß: Ein erfolgreiches Konzert in Chartres nutzte Boris Vian als endgültigen Abgang und Abschied von der Trompete. Das Orchester Abadie spielte damals in folgender Zusammensetzung: Guy Longnon, Boris Vian (1. und 2. Trompete), Jean-Claude Fohrenbach (Tenorsaxophon), Benny Vasseur (Posaune), Raymond Fol (Klavier), Totol Masselier (Kontrabaß), Claude Abadie (Klarinette) und Claude Léon (Schlagzeug), dessen Sohn Boris Vian nach dem Konzert sein Instrument schenkte.

Am 21.5.1947 absolvierte Boris Vian seine Führerscheinprüfung. Mit den Einkünften aus dem Roman ›Ich werde auf eure Gräber spucken‹ konnte er 1948 den Kauf eines Autos in Erwägung ziehen. Ein fabrikneues Modell kam nicht in Frage. Von den Gebrauchtwagen, die ihm angeboten wurden, imponierte ihm am meisten ein sechszylindriger BMW, der sich trotz günstigem Kauf als unerwartet teure Anschaffung erweisen sollte, weil er ständig reparaturbedürftig war. Viele Ausbesserungsarbeiten führte Boris Vian selber aus, er verfügte über

tanzen, lieben und schlafen heute die Existentialisten. Der Existentialismus ist so schnell gereift, daß ihn schon jetzt der Klassenkampf spaltet. Heute kann man tatsächlich zwischen reichen und armen Existentialisten unterscheiden …‹ Kaum achtzehn Monate nach dem berüchtigten Herbst tobt sich der unvermeidliche *Samedi-Soir* in einer herrlichen Sondernummer aus, einer Mischung aus erschöpfendem und manischem Anthropologielehrbuch und Klatschgeschichten der Sensationspresse. Das Ganze durch das Bild eines Paares verdeutlicht: Sie sind jung, schön, lehnen sich an etwas an, was nur ein Kellereingang sein kann. Ein Riß in der Mauer und eine angezündete Kerze, die der Mann in seiner Hand hält, haben vermutlich den Zweck, das noch einmal zu unterstreichen. Beide im selben grauen Anzug, einer androgynen Kleidung; diese zwanzigjährigen Kinder wirken äußerst harmlos, kontemplativ und sanft. Das Bild zeigt zwei französische Stars der Nachkriegszeit: Juliette Gréco und Roger Vadim. ›Existentialistische

➻

beste Beziehungen zu Automechanikern, in deren Werkstätten er häufig aufzukreuzen pflegte und deren Vertrauen er mit seinem Geschick erwarb, schwer erhältliche Zubehörteile heranzuschaffen. Sein wichtigster Partner auf dem Autosektor hieß Maurice Gournelle, einer der typischen Nachkriegsnebengeschäftebetreiber, von dem er sich die nötigsten Handgriffe der Mechanikerkunst beibringen ließ. Boris Vian stieg in der Achtung von Gournelle, als er einen Posten kostbarer Firestone-Reifen kanadischen Ursprungs organisierte, mit denen auch der BMW ausgestattet wurde, dessen Speichenräder aber der Belastung dieser besonders wuchtigen Reifen nicht gewachsen waren. Während seiner Deutschlandreise mit dem BMW, die er im August 1948 mit Jean-François Devay unternahm und die ihn bis in die Schwarzmarktzentrale Frankfurt am Main führte – in der Erzählung »Frankfurt unter der Hand« schildert er die Abenteuer dieser Fahrt –, häuften sich die Pannen mit platzenden Radspeichen. Nach der Rückkehr überlegte er, wie er den Wagen möglichst ohne Verlust abstoßen könnte, mit Gournelle dachte er sich einen inszenierten Unfall mit Versicherungsbetrug aus, ein Plan, den sie nicht mehr ausführen mußten, weil der Zufall ihnen einen Gebrauchtwagenhändler bescherte, der sich durch einen kleinen »Trick« zum Kauf des schnittigen Autos hinreißen ließ, ohne es weiter auf seine Fahrtüchtigkeit zu überprüfen.

Bis Boris Vian für den BMW einen preisgünstigen Ersatz gefunden hatte, verging einige Zeit, in der er sich für dringende Fälle den Abschleppwagen Gournelles auslieh, mit dem er bei früherer Gelegenheit schon das Abadie-Orchester befördert oder Duke Ellington vom Flugplatz abgeholt hatte. Vian kaufte und verkaufte bald wie-

Mit dem ›Brazier‹ in Saint-Tropez: Boris Vian am Steuer, im Fond Madame Claude Léon und Ursula Kübler der einen sechszylindrigen Panhard X 77, Luxusausführung mit Panoramasichtscheiben und Steuer in der Mitte, einen Ford 21 CV aus dem Jahr 1932, und in den fünfziger Jahren fuhr er einen weißen Austin Healey und einen blauen Morgan. Da er meistens eine Verschönerung an den Autos anbrachte und sie in besserem Zustand zurückgab, lieh man ihm auch bedenkenlos einen Wagen für einige Tage aus, und wenn er auf der Strecke liegenblieb, kam Gournelle ihm mit seinem bewährten Abschlepper zu Hilfe. Mit Claude Léon besuchte Boris Vian auch die großen Autorennen jener Jahre in Reims, Le Mans und Rouen. Der Clou seiner Autobegeisterung war im Mai 1950 der Kauf eines liebevoll gewarteten Brazier, Baujahr 1911, für 40.000 Francs. Verkäufer war ein 80jähriger Mann in Antony, der sich nur ungern von seinem Juwel trennte. Ehe er den Verkauf perfekt machte, äußerte er den Wunsch, sich ein letztes Mal ans Steuer des Wagens setzen zu dürfen, wovon ihn seine Familie dringend abzuhalten versuchte, denn man fürchtete nicht nur, daß der Alte einen Unfall bauen könnte, sondern auch, daß die Mängel des alten Autos allzu deutlich an den Tag kämen. Boris Vian fand den Wunsch des 80jährigen sehr verständlich und verhalf ihm gegenüber den Angehörigen zu seinem Recht. Der Alte setzte sich ans Steuer und führte den am Kauf Interessierten stolz in alle »Geheimnisse« des Fahrzeugs ein. Gute zehn Minuten dauerte diese bewegende Abschiedsfahrt, die in Vian und Gournelle, den er sich als Experten mitgenommen hatte, die letzten Zweifel an der Fahrtüchtigkeit des Brazier ausräumte. Als er jedoch als glücklicher Besitzer selbst am Steuer saß, schaffte das Vehikel keine dreihundert Meter mehr bis zur ersten Panne, und weitere Mißgeschicke folgten auf

Keller‹, ›existentialistische Kellerratten‹, ›existentialistische Selbstmorde‹, ›reiche Existentialisten‹, ›arme Existentialisten‹, ›junge Existentialisten‹, ›alte Existentialisten‹: Bis zum Überdruß wurden Adjektiv und Substantiv dekliniert, wie es in anderen Zeiten mit ›snob‹, ›enragé‹ oder ›branché‹ geschehen war. ›Existentialist‹ bedeutete bald gar nichts mehr außer einer Bevölkerungsgruppe, die sich in einem vage begrenzten Raum bewegte und noch vageren Merkmalen entsprach. Die Abstrusität erreichte ihren Höhepunkt mit einem Artikel des *Samedi-Soir* im Mai 1947: ›Ein Existentialist‹, erklärte die Zeitung in einem fabelhaften Wortspiel, ›das ist einer »qui a du sartre sur les dents«‹ (›qui a du tartre sur les dents‹: der Zahnbelag hat).

Daß Sartre kurz zuvor für Juliette Gréco ein Lied geschrieben hatte, verbesserte die Dinge nicht gerade. Daß er die Bekanntschaft des Trompeters Boris Vian gemacht und ihm bei *Les Temps Modernes* eine ›Chronik des Lügners‹ angeboten hatte, machte sie

➻

dem Fuße: Der Anlasser funktionierte nicht, der Benzintank leckte, die Beleuchtung fiel aus, zwei Reifen platzten. Eine Stunde vor Mitternacht trafen sie endlich in der rue Saint-Benoît ein und ließen den schick aussehenden Oldtimer gebührend von den Gästen im ›Saint-Germain-des-Prés‹ bewundern, denen sie allerdings verschwiegen, daß sie sieben Stunden seit der Abfahrt in Antony unterwegs gewesen waren. Der tolle Wagen, dem Vian und Gournelle neuen Glanz zu geben wußten, erregte dann mächtig Aufsehen im ganzen Quartier von Saint-Germain-des-Prés. Und in Saint-Tropez, wo Boris Vian seit November 1949 in der rue d'Aumale ein kleines Häuschen besaß, war der Brazier das absolute Starauto. Nach gründlicher Überholung schaffte das Automobil 45 km pro Stunde, es blieb das Lieblingskind Vians und seiner Automechanikerfreunde in der Werkstatt Gournelles in Colombes, und als er später den Morgan fuhr, genoß der Brazier immer noch die Privilegien einer bevorzugten Maitresse.

Die Bühnenversion des Romans ›Ich werde auf eure Gräber spucken‹ war nicht Vians erster dramatischer Versuch. Sein frühestes Theaterstück schrieb er 1943 gemeinsam mit seiner Frau Michelle; es handelte vom Rückzug aufs Land und hieß ›Unser Land hier unten‹. Daran anknüpfend notierte er am 10.2.1947 folgende Skizze zu einem Roman: »Auf dem Land während des Krieges. Die fünf Söhne landen mit dem Fallschirm auf dem Bauernhof. Einer ist Amerikaner, der andere Deutscher, der dritte Franzose, der vierte Russe, der fünfte Eskimo. Familienrat, und sie bringen sich alle am Ende um.« Aus diesem Plan entwickelte Vian dann doch keinen Roman, sondern das Stück ›Abdeckerei für alle‹, das Mitte

›Abdeckerei für alle‹, 1950 im Théâtre des Noctambules, mit André Reybaz (rechts mit Flasche) als Vater und Catherine Toth (Mitte) als Marie
Regie: André Reybaz
Bühnenbild: Yves Faucher

April 1947 fertig war. Eine auf achtundzwanzig Szenen verkürzte Version publizierte er ein Jahr später als »verdauliche Fassung« im vierten Heft der Zeitschrift ›Les Cahiers de la Pléiade‹, deren Herausgeber Jean Paulhan war. André Reybaz brachte ›Abdeckerei für alle‹ mit seiner Compagnie du Myrmidon am 11.4.1950 im ›Théâtre des Noctambules‹ heraus. Als zweites Stück (nach der Pause) folgte nicht das von Vian für diesen Zweck geschriebene Satyrspiel ›Der letzte aller Berufe‹, sondern Jacques Audibertis ›Sa Peau‹. Auf dem Plakat wurde ›Abdeckerei für alle‹ als »anarchistisches Vaudeville« angekündigt. Die Buchausgabe, mit der Widmung »Für Michelle«, erschien 1950 im Verlag Toutain. Später, aus Anlaß der Veröffentlichung in der Zeitschrift ›Paris-Théâtre‹ im November 1952, widmete Vian das Stück seinem »Intimfeind« Karl dem Großen und bezeichnete es als »paramilitärisches Vaudeville«. Der Text wurde nicht mehr wesentlich geändert, nur die Szenenanordnung noch einmal modifiziert. Am Schluß ersetzte Vian die Pioniere durch einen Pfadfinder, entsprechend der in der Buchausgabe gedruckten Anmerkung: »Bei der Aufführung im Noctambules wurden die Pioniere durch einen charmanten, meinem Einakter ›Der letzte aller Berufe‹ entlaufenen Pfadfinder ersetzt. Er rief ›Pfadfinder Frankreichs, immer bereit. Das Herz auf der Hand ...‹« Die Handlung von ›Abdeckerei für alle‹ spielt am Tag der Landung der Alliierten, am 6. Juni 1944, in Arromanches in der Normandie. Ausgerechnet an diesem Tag beschließt ein redlicher französischer Familienvater, die Hochzeit seiner Tochter Cyprienne mit dem einquartierten deutschen Besatzer Heinz Schnitternach zu feiern. Cypriennes Bruder Jacques, der bei den Amerikanern Dienst tut, und ihre Schwester

noch komplizierter. Hinzu kam, daß Sartre gern – aber war das neu? – hübsche junge Frauen und Schauspielerinnen um sich hatte, womit für alle denkbaren Gleichsetzungen und Entgleisungen Tür und Tor geöffnet waren. Mit den sogenannten Existentialisten teilte Sartre auch noch die Jazzleidenschaft, eine gewisse Neigung zum Populismus, den Gefallen an *black* Exotik, eine Ästhetik der Verzweiflung, eine Manie der anarchistischen Subversion und einen gewissen Einschlag à la ›Provokateur aus reichem Haus‹, der dem Stichwort des *Samedi-Soir* von der ›reichen Pariser Kellerjugend‹ entgegenkam. Kurz, ein vager Konsens. Aber wurde Sartre je in der *Bar Vert*, im *Tabou*, im *Club Saint-Germain*, im *La Canne à Sucre*, im *Montana* oder *Méphisto* gesehen? Und als sich innerhalb von höchstens fünf Jahren Saint-Germain-des-Prés entwickelte und von der Ära der Cafés zur Ära der Keller, von der Ära der Keller zur Ära der Tanzlokale überging, ›traf‹ man der auflagenstarken Presse zufolge dort nach wie vor auf Sartre, als sei er mit

➻

Cathérine, die bei den Russen Fallschirmspringerin ist, werden per Funk herbeizitiert. Ein amerikanischer Feldprediger erledigt die Trauungszeremonie, während draußen ein mörderischer Krieg tobt. Am Ende wird das Haus des Familienvaters, das einzige, das in der Gegend vom Krieg verschont geblieben ist, von zwei Offizieren der Befreiungsarmee »zwecks Wiederaufbau« in die Luft gesprengt.

Die Aufführung des Vaudevilles irritierte 1950 die Vertreter aller politischen Richtungen. Der verzweifelt schwarze Humor, der gegen die stupide Unempfindlichkeit gerichtet ist, mit der alle Figuren in diesem Stück handeln, verletzte wieder einmal zu viele Tabus. Schockierend wirkte vor allen Dingen die Darstellung des Kriegsthemas mit den Mitteln einer Farce, es war ein kleinbürgerlicher Totentanz im Gewand eines Boulevardschwanks, der die in den Menschen vom Krieg entfesselte Mechanik am Werk zeigt, selbst dann noch, wenn sie dem eigentlichen Krieg längst aus dem Weg gegangen sind: lauter kleine Überlebenskünstler ohne jede Widerstandsmoral oder auch nur Selbstwertgefühl, kleine Drückebergertotschläger.

Den Anhängern des absurden Theaters war Vian damals zu politisch, den Parteigängern des politischen Theaters dagegen viel zu verspielt. Besonders in dem 1951 geschriebenen Einakter ›Das Medusenhaupt‹ erwies er sich als ein ›existentialistischer Courteline‹. Vorlage des Stücks, für das sich keines der in Saint-Germain-des-Prés noch verbliebenen Kabarett-Theater begeistern konnte, war Maurice Leblancs Kriminalroman ›Arsène Lupin‹. Es ist eine Farce mit betrogenem Ehemann, Liebhaber und lachendem Dritten. Wie Arsène Lupin immer wieder unter neuem Namen und in anderer

diesem magischen Ort organisch verschmolzen und müßte einfach da sein. Eines Tages jedoch brach die Mode ab, vielleicht weil Saint-Germain-des-Prés trotz seiner revolutionären Begabungen nie ein populäres Stadtviertel wie Montmartre wurde. ›Hier hat immer eine rue de la Gaîté gefehlt, sagte einer von ihnen sehr treffend, der schon das *Flore* zugunsten der Butte Montmartre verraten hatte, nämlich Jaques Prévert. ›Außerdem war das nie ein Stadtteil‹, betonte er. ›Es gab weder Nutten noch Erdnußverkäufer‹.

Annie Cohen-Solal, ›Sartre‹ (S. 416 ff.)

Gestalt auftreten muß, so muß sich auch der Geliebte Lucies im ›Medusenhaupt‹ der Pflicht unterwerfen, sich alle sechs Monate einen anderen Namen zuzulegen und sich durch eine Gesichtsoperation bis zur Unkenntlichkeit zu verändern. Die schmerzhaften Metamorphosen ihres Geliebten ersparen Lucie die Suche nach einem neuen Liebhaber, denn sein ständiges Vortäuschen, ein ganz anderer zu sein, erregt sie viel mehr.

Ebenfalls 1951 entstand die sarkastische Komödie ›Der Nachmittag der Generäle‹, in der die Verantwortungslosigkeit und ideologische Borniertheit politischer Funktionäre und vertrottelter Militärs abgekanzelt wird. Ursprünglich sollte das Stück ›L'Avis des grands capitaines par Cornelius Nepos‹ heißen. Die Idee für das Stück kam Vian nach der Übersetzung der Memoiren eines amerikanischen Generals aus dem Zweiten Weltkrieg, Omar Bradley, ein Buch, das ihn trotz seiner kritischen Aspekte in seiner Auffassung bestärkte, daß Militärs nur verantwortungslos und zynisch handeln können.

Die erste Fassung von ›Der Nachmittag der Generäle‹ bestand aus einem Diskussionsstück und einem zweiten Stück im Stück (dem späteren zweiten Akt). Den Rahmen bildete ein theatralisch untauglicher Versuch, Politik zum Gegenstand des Theaters zu machen und Stellung zu beziehen, ein Beleg für die Bemühungen Vians, sich über das Thema seines Stücks und die Zielrichtung des Schreibens klarzuwerden. Die Figur des Autors erläutert im Rahmenspiel, assistiert von seiner Verlobten Francine und einem Regisseur, dem Theaterdirektor Bataillard, die Eigenschaften von Generälen, die sie in der späteren Fassung dann in allerlei grotesken Situationen an den Tag legen. Interessant ist der Kontrast, den die Gegen-

Zeichnungen von Siné zur Erstausgabe von ›Der Nachmittag der Generäle‹, Paris 1962

überstellung der marionettenhaft agierenden Generäle des Stücks und den menschlich gezeichneten Figuren des Rahmenspiels ergibt – Täter und Opfer sind deutlich erkennbar, aber dennoch hat das Stück durch den Wegfall des Rahmens gewonnen, die Diskussionen sind in szenische Vorgänge aufgelöst, denn was auf der Bühne passiert, muß nicht theoretisch vorgekaut werden.

Die Streichung des Rahmens war die konsequente Folge der darin abgehandelten Thesen über Theater wie »Zwingen Sie mich nicht, auf alle Is ein Pünktchen zu setzen« oder »Ich habe doch kein Stück für Schwachköpfe geschrieben, denen man alles erklären muß«. Die Quintessenz von ›Der Nachmittag der Generäle‹ wie auch der meisten anderen Stücke Vians findet sich in einem Gespräch zwischen Autor und Theaterdirektor: »Wovon handelt Ihr Stück?« – »Vom Krieg.« – »Von welchem?« – »Vom nächsten.« –»Aber, hören Sie, mein Lieber, das Thema Krieg bringt doch niemand zum Lachen ...«

Bei Vian endete immer alles schrecklich, wie meistens in vergleichbaren Märchen mit einem Kinderblick, der die Welt in Gut und Böse teilt. Sein letztes, kurz nach seinem Tod von Jean Vilar uraufgeführtes Stück ›Die Reichsgründer oder Das Schmürz‹ rückte die absurde Konsequenz eines verspielten Lebens in den Mittelpunkt. Zweifellos ist der Fenstersturz am Ende des Stücks eine Anspielung auf den rätselhaften Tod des ›Majors‹. Auch das ständige Umziehen der Familie in immer beengtere Räume verweist auf Autobiographisches: das Aufgeben der Villa in Ville d'Avray, als der Vater Vians sein Vermögen verlor, den Verlust des Feriendomizils in der Normandie, die beengten Wohnverhältnisse während des Krieges. Aber weitab von diesen autobiographischen Zügen ist dieses

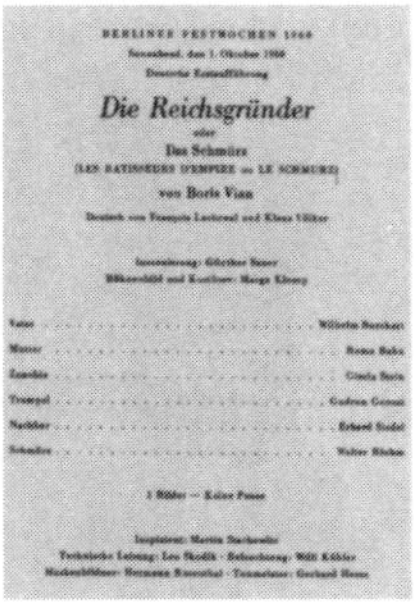
Die Reichsgründer
Das Schmürz
von Boris Vian

Theaterzettel der deutschen Erstaufführung in der Werkstatt des Berliner Schiller-Theaters

Stück vor allem eine politische Parabel, die dem düsteren Hintergrund des Algerienkriegs ihre Entstehung verdankt und das Geschehen aus der Perspektive der Opfer bewertet. Der Familienvater ist ein ruhmreicher Offizier, der jeden Befehl kompromißlos auszuführen pflegt und dessen Handlungen gleichzeitig immer von Angst diktiert, letztlich fremdbestimmt sind. Die eigene Initiative beschränkt sich für ihn auf das Gesetzmäßige. Den Aufstieg dieses Reichsgründers und Drückebergers, der übrigens aus Arromanches stammt, dem Schauplatz der ›Abdeckerei für alle‹ in der Normandie, wo sich einer der größten Soldatenfriedhöfe des Zweiten Weltkriegs befindet, stellt Vian als Flucht vom Parterre zum Dachstuhl eines Hauses dar. Als Relikt alles Menschlichen bleibt am Ende nur die geschundene Kreatur, das Schmürz, auf dem von Menschen befreiten Schauplatz zurück. Die merkwürdige Wortschöpfung, die Vian gerne gebrauchte und auch gelegentlich als Pseudonym benutzte – Adolphe Schmürz – ist auf der Bühne die Vergegenständlichung des durch Schmerz verkümmerten menschlichen Gewissens.

1954 entstand ›Die leichenblasse Serie‹, eine parodistische, in Alexandrinern und im Argot verfaßte Tragödie über James Monroe, den fiktiven Autor von Krimis der Schwarzen Serie, einen Bruder von Marilyn Monroe, der sein bisheriges Leben satt hat und sich auf den Weg in die Einsamkeit der Berge macht, wobei allerdings jede Menge Leute auf der Strecke bleiben. Das, genrebedingt, anspielungsreiche Stück blieb unaufgeführt, wie auch die 1955 geschriebene musikalische Komödie ›Le Chasseur Français‹.

Seit 1947 verfaßte Boris Vian unermüdlich kleinere dramatische Arbeiten, Szenen, Libretti, satirische Dialoge und Sketchs für die

›Die Reichsgründer‹, 1988 im Schauspiel Frankfurt, mit Andreas Seifert als Schmürz, Franz Xaver Zach als Nachbar und Jürgen Holtz als Vater. Regie: Ellen Hammer, Bühnenbild: Max von Vequel-Westernach

unterschiedlichsten Zwecke, meistens keine konkreten Auftragsarbeiten, sondern Ideen, Pläne, Fingerübungen und erste Vorschläge für Projekte mit Künstlern, die ihn auf mögliche Zusammenarbeit hin angesprochen hatten. Gerade mit den kleinen Stücken bewies er sein Talent, schnell, witzig und in grotesk überzeichneter Form auf aktuelle politische Vorgänge sowie auf Modeerscheinungen und Stile zu reagieren. In satirischen Kurzstücken, im Geiste Jarrys und oft mit einer Karl Kraus vergleichbaren sprachkritischen Haltung entworfen, streifte Vian vorwegnehmend die Themen, die erst heute ihre unübersehbare Brisanz haben: die zunehmende Analphabetisierung, die Automatisierung, die verhängnisvolle Abhängigkeit von Computern und die Fortführung des Kriegs im Frieden mit Mitteln, die oft noch zerstörerischere Folgen haben. Er versuchte, Science-Fiction-Themen kabarettartig abgehandelt auf die Bühne zu bringen.

Boris Vians erfolgreichstes Stück zu Lebzeiten war das 1953 beim ›Festival dramatique de Normandie‹ in der Arena von Caen aufgeführte Lanzelot-Spektakel ›Der schneeweiße Ritter‹. Es erlebte sieben ausverkaufte Vorstellungen vor jeweils 10.000 Zuschauern. Und für seine geschickte, mit Liedern gespickte Dramatisierung der mittelalterlichen Minnerittersaga erntete Vian von der Kritik ein fast verdächtig einhelliges Lob. Die Aufführung, eine Mischung aus Operndonner, historischer Travestie, zarter Poesie und etwas schrägem Theater, mit hervorragenden Schauspielern einstudiert und choreographisch wie musikalisch flott arrangiert, war eine Vorwegnahme der von Peter Zadek geplanten, aber nie realisierten Inszenierung des ›Merlin‹ von Tankred Dorst.

Wie entstand dieser ›Schneeweiße Ritter‹? 1952 übernahm der

Plakat des Festival Dramatique de Normandie mit der Ankündigung der Uraufführung von ›Der schneeweiße Ritter‹, Caen 1953

Schauspieler und Regisseur Jean-Marie Serreau die Leitung des Pariser ›Théâtre de Babylone‹ am boulevard Raspail. Als Eröffnungsstück wählte er ›Fräulein Julie‹ von Strindberg, für die Inszenierung engagierte er seinen schwedischen Kollegen Frank Sundström. Erst spät, aber nicht zu spät, stellten sie fest, daß die vorliegende französische Übersetzung von 1893 stammte und keinerlei zupackende Sprechqualität hatte. Serreau bat Boris Vian, die alte Übersetzung aufzupolieren und die Dialoge härter zuzuspitzen. Das Ergebnis war eine neue Übersetzung, und obwohl Vian kein Schwedisch konnte, hatte er sich penibel in die Sprachgestalt des Originaltextes einzuarbeiten verstanden. Serreau war begeistert und brachte den künstlerischen Direktor jenes ›Festival dramatique de Normandie‹, Jo Tréhart, bei dem er während der Sommerpause zu gastieren pflegte, mit Vian zusammen. Und Vian wiederum spannte er mit dem Komponisten Georges Delerue zusammen, der für das Théâtre Babylone die Musiken zu schreiben pflegte. Mit den zwei oder drei Artus-Romanen, die ihm Tréhart schickte, gab sich Boris Vian nicht zufrieden. Er besorgte sich alle möglichen mittelalterlichen Quellentexte und Stücke über die Ritter der Tafelrunde, er exzerpierte, kompilierte und stellte dann eine erste Fassung zusammen. Anfang Mai 1953 fuhr er auf Einladung Tréharts nach Caen, um die speziellen Bühnenmöglichkeiten der Arena kennenzulernen und entscheidende Szenen daraufhin abzustimmen. Einen Monat später versammelte Tréhart das Ensemble im ›Théâtre de Babylone‹, Boris Vian las das Stück vor, man entschied über Besetzungen, besprach letzte Details. Im Juli wurde in Caen probiert. Jean Servais spielte den König Artus, Jacques Dacomine den Lanzelot,

Der Brand im Opernhaus

»Der deutsche Dramatiker Georg Kaiser starb 1945 in der Schweiz und hinterließ ein umfangreiches Werk (40 Stücke). Er hat auch zwei Romane und mehrere Essays veröffentlicht. Er wird zur Zeit regelmäßig in Deutschland aufgeführt. Georg Kaiser verließ Deutschland unter Hitler, floh nach Holland und ging dann in die Schweiz.

Für jemand, der nie besonders häufig mit der deutschen Literatur zwischen den beiden Weltkriegen in Berührung gekommen ist, hat die Begegnung mit einem Autor wie Georg Kaiser etwas Überraschendes; *beklemmend* ist wohl das passende Wort für diesen ›Brand im Opernhaus‹, um dessen Adaption mich das Théâtre de Babylone gebeten hat. Wir weisen kurz darauf hin, daß diese Bearbeitung sich auffällig von der Fassung unterscheidet, die Claire Goll übersetzt hat und die auf der am 15. 2. 1924 im Théâtre de

»›

Jean-Marie Serreau den Merlin, Silvia Monfort die Königin Ginevra, Michel Piccoli den Komödianten Lionel.

Den Lanzelot-Stoff arbeitete Boris Vian später noch zum Libretto einer Oper für Georges Delerue um, die 1957 in Nancy uraufgeführt wurde und ebenfalls Erfolg hatte. Vians Interesse für Oper und Ballett erwuchs aus seiner Lust am Widerspruch. Ähnlich Brecht und Weill, deren Anti-Oper ›Aufstieg und Fall der Stadt Mahagonny‹ er schätzte, störte ihn das Kulinarische der Gattung, das Gottesdienstähnliche und Einlullende. Daß er seinen Vornamen der Begeisterung seiner Mutter für ›Boris Godunow‹ verdankte, empfand er immer als ziemlich peinlich. Die ihm wichtigsten Opern waren Alban Bergs ›Wozzeck‹ und ›Lulu‹. Für Darius Milhaud schrieb er das Libretto zur Oper ›Fiesta‹, die 1958 im Studio der Deutschen Oper in Berlin unter der musikalischen Leitung von Hermann Scherchen uraufgeführt wurde. Bevor die Oper entstand, plante Vian ein Ballett ›Das Fest‹, für das er Jean Babilée interessieren wollte, eine weitere Version schrieb er als Filmszenario, er skizzierte ein Drama ›Fiesta‹, aus dem dann eine Versfassung als Vorlage für die Oper hervorging. Wiederum für Georges Delerue schrieb er das Libretto ›Arne Saknussem‹; die Kammeroper wurde 1961 unter dem Titel ›Eine bedauerliche Geschichte‹ uraufgeführt. Arne Saknussem hieß ein berühmter isländischer Alchemist des 16. Jahrhunderts, auf dessen Spuren Jules Verne seine Expeditionsteilnehmer ›Die Reise zum Mittelpunkt der Erde‹ unternehmen läßt. Wie Wolf in dem Roman ›Das rote Gras‹ und Ouen in der Erzählung ›Eine peinliche Geschichte‹ ist dieser Gelehrte bei Boris Vian ein Ingenieur-Konstrukteur.

Für das ›Théâtre de Babylone‹ lieferte Vian 1953 noch eine Bear-

l'Œuvre aufgeführten Übersetzung von Iwan Goll beruht. In der deutschen Ausgabe, nach der ich gearbeitet habe, enthält schon der 2. Akt beträchtliche Linderungen, und der 3. Akt ist völlig anders; dieser 3. Akt in der Fassung, die uns als Vorlage diente, erschien uns viel homogener – auch viel wahnsinniger – und – gerade was diesen Wahnsinn betrifft – in sich viel schlüssiger; und deshalb habe ich ihn so belassen und lediglich ein paar unwesentliche Striche gemacht, um unnötige Wiederholungen zu vermeiden. Das Erstaunlichste bei Kaisers Stück scheint mir der seltsame Kontrast zwischen dem ausgesprochen lyrischen Stil und der Konstruktion des Dramas zu sein, die eine fast ungesunde Logik hat, so erbarmungslos ist sie. Es ist die Logik einer Feuersbrunst, die wütet und heult und dabei die Gefährten einer kolossalen Orgie in den Tod reißt. Es ist die Logik von diesem in sich selbst eingemauerten Menschen und seinem Leben, das sich gleichgültig am Rande bis zum Ende der Welt erstreckt – einer bestimmten ›› beitung von Georg Kaisers Nachtstück ›Der Brand im Opernhaus‹, das ursprünglich in einer Adaption von Claire Goll gespielt werden sollte. Nach Serreaus Meinung hatte Claire Goll nur die alte Übersetzung von Iwan Goll verschlimmbessert, und Vian sollte nun die Dialoge sprachlich aufbügeln. Der schrieb nun keine weitere Bearbeitung, sondern fertigte eine neue Übersetzung an, benutzte dafür auch eine andere Fassung des Stücks von Kaiser als Vorlage. Im ›Figaro‹, an den sich Claire Goll gewandt hatte, wurde behauptet, Vian hätte unzulässig die Übersetzung Iwan Golls bearbeitet. Vian entgegnete »... seine Übersetzung, die in ihrer Art perfekt ist, habe ich nicht angetastet, ich habe eine andere gemacht, nach einer anderen Fassung des Stücks, und ich möchte gern wissen, was sie mir vorwirft, denn Sie werden zudem bestätigen können, daß es wirklich kein schlechtes Geschäft für Madame Goll ist.«

Eine Bestätigung, daß er ein genauer und guter Übersetzer war, bedeutete die Aufforderung des Herausgebers einer französischen Strindberg-Ausgabe, Carl-Gustav Bjurström, weitere Stücke des schwedischen Dramatikers zu übersetzen. Mit Hilfe einer Interlinearversion übersetzte Vian 1958 ›Erik XIV.‹. Geplant waren außerdem noch ›Meister Olof‹ und ›Gustav Wasa‹. Seine letzte größere Arbeit als Übersetzer und gleichzeitig seine letzte Theaterarbeit war die französische Adaption von Brendan Behans ›Der Spaßvogel‹, die am 15.4.1959 im ›Théâtre de l'Œuvre‹ in der Inszenierung von Georges Wilson und mit Musik von Georges Delerue herauskam.

In den Jahren seiner Regentschaft als Prinz Boris in Saint-Germain-des-Prés verdiente Vian verhältnismäßig viel Geld. Es war aber nicht seine »Vielseitigkeit«, seine kompetente und umfassende

Welt, mit der er gebrochen hat, um zusammengerollt in der Leere seines eisigen und keuschen Traums zu verharren oder sich schließlich an einem noch unmöglicheren Traum zu entflammen.

Ich habe es mir bei dieser Bearbeitung angelegen sein lassen, mich streng dem Autor zu unterwerfen, dessen Stimme außerordentlich genug ist, daß man so viel Feingefühl verlangen kann, ihr keinen anderen Sinn zu geben.«

Boris Vian, Programmheftbeitrag zur Aufführung im Théâtre de Babylone, Mai 1953

Sachkenntnis auf den Gebieten Film, Rundfunk, Theater, Literatur und Jazz, die ihm gute Einnahmen bescherte, sondern vor allem sein Erfolg mit dem Roman ›Ich werde auf eure Gräber spucken‹, der es ihm zunehmend auch ermöglichte, bei vielen anderen Unternehmungen seinen ganzen Einfluß geltend zu machen. Boris Vian verbreitete eine Atmosphäre produktiver Unruhe, er verblüffte seine Freunde und Feinde mit stets unüblichen Vorschlägen und ungewöhnlichen Entwürfen. Bei Institutionen, wo alles nach vorgestanzten Denkschablonen zu funktionieren hatte, wurde er eher als Störenfried empfunden. Solange er aber im Gespräch und ein prominenter Abgesandter der Existentialistenszene und Skandalschriftsteller war, legte man auf seine Mitarbeit Wert. Er war ein begehrter Interview-Partner, und die Klatschkolumnisten interessierten sich für ihn. Zum bösen Spiel machte er nicht nur gute Miene, er spielte auch sehr gerne mit. Schließlich hatte er alles dafür getan, berühmt zu werden. Die Kehrseite war, daß auch das Persönlichste vor Publizität nicht mehr sicher war. Boris Vian verstand sich recht gut auf das System des offenherzigen, tratschverliebten Versteckspiels, dessen Regeln er immer wieder heimlich änderte, um allzu aufdringliche Reporter an der Nase herumzuführen. Als er seinen Entschluß, nicht mehr Trompete zu spielen, bekanntgab, wurde sein Herzleiden ausführlich kommentiert. Auf der medizinisch-wissenschaftlichen Seite des ›Express‹ wurde die ärztliche Diagnose »crise d'œdeme, rétrécissement mitral« ausführlichst erläutert und dem Laien die Zukunft des Künstlers als gerechte Vorhöllenstrafe für alle Keller-Ausschweifungen vor Augen gehalten: »Ein Urteil ist am Vorabend der Ferien ausgesprochen worden, Boris Vian, leidend an

Kritiker ...

»Man kann nicht einen tollen Aufsatz über das Werk eines anderen Autors schreiben: es bleibt eine Art Kritik. Kritik ist nichts Tolles. Sie ist Analyse. Sie ist eine egozentrische Kunst. Sie ist nicht menschlich. Alle diese Sezierer spiegeln sich schillernd quer durch die Werke, von denen sie sprechen; wenn sie alles gut kleingekriegt haben, ist es klar wie Wasser, und sie sehen sich ganz und sie freuen sich. Das Vorwort von Sartre zu den Werken von Genet ist eine imaginäre Geschichte von Sartre als Päderast ... Und im Grunde ist das komisch; sie sind alle *gegen* die Literatur, weil sie Angst haben! Sie wollen verstehen. Und sie verstehen doch nur in einzelnen Teilstücken. Sie schlagen also entzwei, um zu verstehen. Und es bleibt nichts übrig ...« *Boris Vian, 1951* einer Herzkrankheit, darf keine Anstrengungen mehr auf sich nehmen, muß stillsitzen, warten, bis die Technik der Herzoperationen so weit fortgeschritten ist, daß man mit größerer Wahrscheinlichkeit als heute mit Erfolgen rechnen darf.« Auch die Meinung des Betroffenen zum Problem einer Herzoperation, die 1950 ja noch völliges medizinisches Neuland war, wurde eingeholt. Der ›Ingenieur‹ Vian sagte dem Reporter des ›Express‹: »Wenn die Chance, eine derartige Operation zu überleben, auf zwanzig Prozent gestiegen ist, werde ich mich dazu entschließen. Lieber sterben als lebendig verschimmeln.« Die Presse wartete damals nur noch auf die Nachricht von seinem Tod. Prinz Boris aber starb nicht, sondern dankte ab. Wider alle Presselogik wollte er noch er selbst werden, nicht als irgendein Idol geschmäht oder gefeiert werden.

Nach dem Verbot seines Sullivan-Bestsellers wurde es für ihn zunehmend schwieriger, mit dem, was er selbst war, mit seinem eigenwilligen Werk, zu Wort zu kommen. Und schon gar nicht konnte er von der Arbeit, die ihm gefiel, seinen Lebensunterhalt bestreiten. Der Verlag Scorpion, bei dem fast alle Bücher Boris Vians erschienen waren, überlebte das Verbot von ›Ich werde auf eure Gräber spucken‹ nicht, denn der Inhaber Jean d'Halluin hatte offensichtlich nur vom finanziellen Erfolg dieses einen Buches gezehrt. Zwei neue Bücher von Vian erschienen 1950 in dem neugegründeten Verlag Toutain, für das dritte damals noch vereinbarte Buch, eine Art literarischer Reiseführer durch Saint-Germain-des-Prés, fehlte diesem Unternehmen bereits das Kapital. Kein anderer Verlag sprang ein. Gaston Gallimard glaubte nicht an den Dichter oder Romanautor Vian, der Verleger war nur bereit, mit dem Übersetzer neue Verträge abzuschließen – in

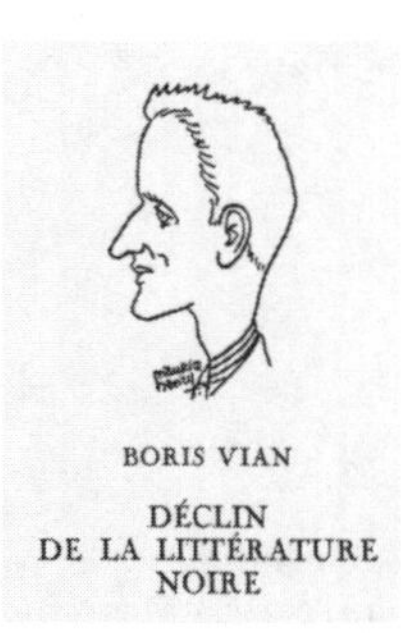

Umschlag der 1986 von Noël Arnaud veranstalteten Neuausgabe des für das Bulletin des Editions Calmann-Lévy im März 1952 verfaßten Aufsatzes über die ›schwarze Literatur‹

Sachen neue Literatur vertraute er mehr dem Urteil Jean Paulhans als dem Raymond Queneaus, und Paulhan hatte sich schon 1946 bei der Verleihung des Prix de la Pléiade in der Jury gegen das Votum von Sartre, Queneau und Jacques Lemarchand, die alle ›Der Schaum der Tage‹ ausgezeichnet sehen wollten, mit seinem Plädoyer für den Claudel-Epigonen Jean Grosjean durchgesetzt.

Was er bis dahin nebenher mit großem Spaß und Interesse für die jeweiligen Texte erledigt hatte, wurde für Boris Vian nun zu einer stark belastenden Arbeit. Übersetzungen beanspruchten seine Zeit viel stärker als in früheren Jahren, denn das Spielerische fiel weg, der Ehrgeiz, einen Text zu entdecken oder einen Autor bekannt zu machen, stand nicht mehr im Vordergrund. Die Übersetzung von Omar N. Bradleys Memoiren aus dem Amerikanischen war harte Fronarbeit – auch wenn es ein Buch war, dem Vian wichtige Erkenntnisse über das Militärwesen und die Denkart von Militärs verdankte. Nur noch die Übersetzung der beiden Strindberg-Dramen und der beiden Romane von A. E. Van Vogt empfand Vian auch für sich selbst als großen Gewinn.

Für einen Künstler, der auf seinem Eigensinn beharrte und sich nicht eingefahrenen Denkschemata anzupassen vermochte, brachten die fünfziger Jahre in Frankreich ähnlich wie in Westdeutschland einen beträchtlichen Rückschlag; die Zeit des Aufbruchs und des Improvisierens ging dem Ende entgegen, egoistischer Geschäftssinn und Remilitarisierung erlebten eine neue Blüte.

Buchumschläge von Romanen in der ›Serie Noire‹, die Vian übersetzte

DEN VERKANNTEN DICHTER WOLLTE ER NICHT SPIELEN

»Ich finde es besser, zu leben und dabei
ein anderes Leben zu imaginieren –
und beides zusammen kann dann einen Stoff
ergeben, der vielleicht etwas taugt,
der zum mindesten aber zu jemandem gehört.«
Boris Vian

Boris Vian auf der Terrasse seiner Wohnung in der rue de la cité Véron während einer Aufnahme für den kanadischen Fernsehfunk, 1955

Frankreich erlebte freilich kein Wirtschaftswunder, es zählte sich noch zu den Großmächten und investierte viel Geld in die militärische Aufrechterhaltung seiner Kolonien in Indochina und Nordafrika. Im eigenen Land wurden die demokratischen Errungenschaften der Nachkriegszeit immer häufiger mit Füßen getreten. Die Vierte Republik schlingerte von einer Krise in die nächste, und die Regierungen versuchten ein ums andere Mal, ihr Überleben durch den Griff in die patriotische Mottenkiste zu retten. Je weniger auf staatlicher Seite die politische Einmischung der Intellektuellen gefragt war, um so sensibler reagierte Boris Vian auf den allgemeinen politischen ›Schwindel‹ und die stillschweigend gültigen Tabus. Die Redakteure, Journalisten und Theaterleiter, die zwischen 1946 und 1950 über Vians fehlenden ›Ernst‹ und sein mangelhaftes politisches Engagement geklagt hatten, waren nunmehr befremdet, daß dieser Autor so direkt die Dinge, die zum Himmel stanken, beim Namen nannte beziehungsweise weiterhin in gewohnter, bewußt herausfordernder ›Geschmacklosigkeit‹ zur Sprache brachte.

Gerade jetzt, wo es ihm in jeder Beziehung schlecht ging und er, besonders im Hinblick auf seine schriftstellerische Produktion, von starken Selbstzweifeln geplagt wurde, wollte Boris Vian nicht die Rolle des ›verkannten Dichters‹ oder eines ›poète maudit‹ spielen.

Spontane Demonstration in Paris, 1957

Er wollte immer den Erfolg, er wollte auf der Klaviatur sämtlicher Medien spielen, nicht voller Stolz abseits stehen und auf den Beifall der Menge verzichten. Solange seine Ideen, Kunstauffassungen und Texte in Zeitungen, Theater, Radio, Film und Fernsehen auftauchten und unzensiert, ungeschminkt ihre Wirkung entfalten durften, war ihm das nur recht; erst wenn er nicht mehr der Herr seiner Sujets oder Szenarien sein durfte, sondern der Zwang irgendwelcher Regeln ihn zu schlechten Kompromissen zwingen sollte, spielte er nicht mehr mit. Boris Vian litt schwer unter seinen Mißerfolgen und Niederlagen und freute sich selbstverständlich über die Dinge, die ihm glückten und auch noch Beifall fanden. Dennoch mißtraute er allen zu leicht errungenen Erfolgen. Nie gab er sich mit dem Erreichten zufrieden. Seine Erfolge nutzte er aus, gleichzeitig aber setzte er sie immer wieder kompromißlos großen Belastungen aus. So verstand er zum Beispiel auch den Versuch, seinen Erfolgsroman ›Ich werde auf eure Gräber spucken‹ zu einem Bühnenstück umzuarbeiten: Es sollte unmißverständlicher als der Roman, der ja bewußt auf die Popularität eines Sexkrimis spekuliert hatte, die antirassistischen Züge der Handlung betonen. Weil er hoffte, mit einer Verfilmung ließen sich diese Züge besser herausarbeiten, schrieb er mit allem Engagement ein Drehbuch. Der Film, der ihm vorschwebte, sollte nicht mehr auf dem Roman des Vernon Sullivan beruhen, sondern ausschließlich eine Story von Boris Vian sein. Keine Verpackung, sondern mehr Direktheit; keine Sozialschnulze mit Sex und Gewalt in Hollywoodmanier, wie sie Michel Gast später gegen seinen Willen drehte, sondern ein kontroverser, böser Film, *free cinema*, möglichst mit algerischen Schauspielern.

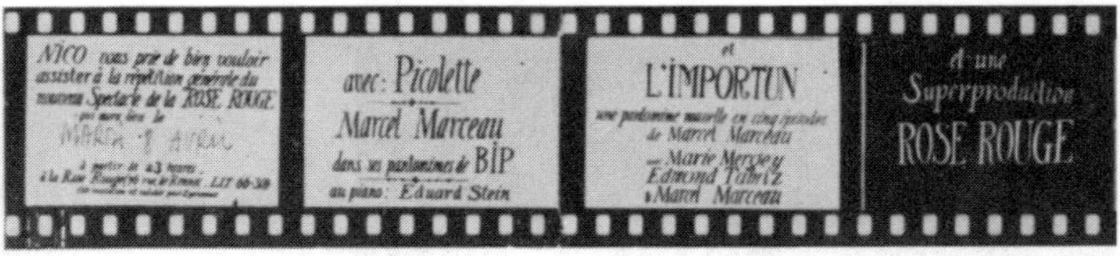

›Cinémassacre‹ hieß ein Programm mit Sketchs von Boris Vian, das im Frühjahr 1952 im ›Rose Rouge‹ in der Inszenierung von Yves Robert über die Kabarettbühne ging, Teil eines Programms, in dem auch Marcel Marceau mit einigen BIP-Nummern auftrat. Die Idee, Szenen als Filmsequenzen zu schreiben und als szenische Schnappschüsse auf die Bühne zu bringen, hatten die Cinéasten Pierre Kast und Jean-Pierre Vivet. Boris Vian entwarf das Szenario und schrieb die pointierten Dialoge. Aufträge dieser Art bekam er nach dem Erfolg dieses ›Cinémassacre‹ noch oft. Er erledigte sie meistens zuverlässig und schnell, übertraf die Erwartungen der Auftraggeber aber meistens insofern, als er immer wieder deren Rezepte versalzte, neue querköpfige Ideen mitbrachte, die mehr Risikobereitschaft und etwas beweglicheren Humor von den Programmgestaltern verlangten. Eine dem ›Cinémassacre‹ vergleichbare Revue ›Paris varie ou Fluctuat nec mergitur‹ wurde von der Compagnie Georges Vitaly im Oktober 1952 in einem Nachtclub und einmal auf einem Schiff an der pont de Solférino aufgeführt, aber so manches Sketch-Skript für Radio- oder Fernsehsendungen wurde seiner bissigen Verrücktheit wegen zurückgewiesen. Von Erfolgen verwöhnt wurde Boris Vian wirklich nicht. Und viele Gelegenheitsarbeiten, für ihn grundsätzlich nichts Ehrenrühriges, wurden nur deshalb zu einer anstrengenden Arbeit, weil sie Geld bringen mußten. Zuweilen hätte er es sicher vorgezogen, etwas anderes zu tun, wie es eine Notiz vom 7.5.1952 deutlich zum Ausdruck bringt: »Ich habe diese Sketchs vom 26. Februar verfaßt, und sie haben Erfolg im ›Rose Rouge‹. Und die Übersetzungen habe ich gemacht und so viele Zeilen ohne Gewicht geschrieben. Welche haben Gewicht?… Ich fürchte mich

zur Zeit eher vorm Arbeiten: ich bräuchte so viel Zeit für mein Leben, und die Arbeit frißt mich auf. Überdies ist es oft schön, und das macht mich kribblig.« Bis 1952 etwa hatten die Kellerlokale und Kabaretts von Saint-Germain-des-Prés Hochkonjunktur, danach war der ›Betrieb‹ dort praktisch nur noch Geschäft, die Journalisten und die internationalen Radio- und Fernsehanstalten begannen das Thema Existentialismus als Epoche abzuhaken, die ersten Rückblicke erschienen. Zu vielen Sendungen, in denen er mitwirkte, schrieb Vian Dialoge, Kommentare oder ein Idealszenario, er versuchte, den anarchischen Geist, der für die Kellerjahre bestimmend war, in die Form der Sendungen selbst einfließen zu lassen, um ihnen den Charakter des braven Kulturfeuilletons zu nehmen.

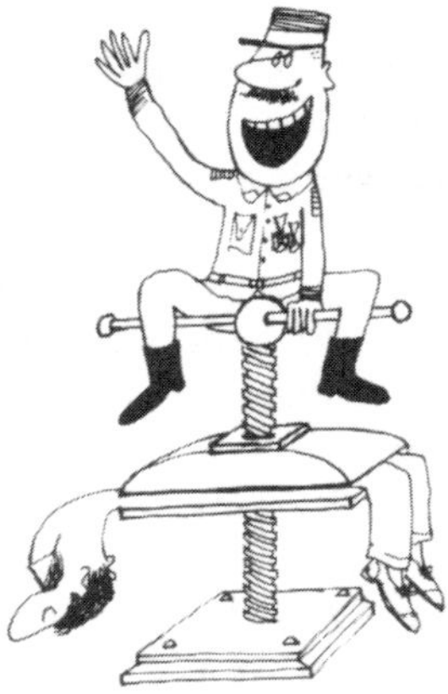

»Volle Freiheit für die Presse!«
Zeichnung von Siné für das Buch
›Mein Prozeß‹ von Georges Arnaud, Paris 1960

VOLLE FREIHEIT

AUTOR: Verzeihung, bin ich hier richtig, ist hier der Französische Fernsehfunk?
PFÖRTNER: *(höflich wie ein Gefängniswärter)* Wohin möchten Sie denn?
AUTOR: Hm ... zur Zensurstelle, bitte.
PFÖRTNER: Zensur? Welche Zensur?
AUTOR: Nun ja ... die Zensur halt ...
PFÖRTNER: *(bestimmt)* Es gibt keine Zensur beim Französischen Fernsehfunk.
AUTOR: Ach, es gibt keine? Ach! Nun gut, das ist eine tolle Neuigkeit. Ich hab nämlich den Auftrag zu einer Sendung ... ja, volle Freiheit, so heißt sie ... und ich hab mir da einige Freiheiten ... ja, wissen Sie, ich hatte Angst ... ach ... ich fürchtete ... kurz ... aber wenn Sie ja nun sagen ... Keine Zensur! Großartig! Was für ein Fortschritt!

➻

Vorläufer solcher Fernsehsendungen waren sketchartige Radioauftritte 1947, bei denen Boris Vian als Musiker und Schriftsteller in Erscheinung trat. In einer Sendung ›Les Petites Vacances‹ am 3.2.1947, die der mit Vian befreundete Filmjournalist Jean Suyeux zusammenstellte, wirkte Boris Vian als »kleine Kinder fressende Robbe Paulhan« mit, die gierige Ur-Laute und vorwitzige Sottisen zum besten gibt. Dank solcher bunten Varieté-Sendungen bekam Vian wohl auch erstmals die Gelegenheit, Chansontexte und die neuesten Modeerscheinungen veralbernde Schlager zu verfassen.

Am 21.10.1947, um noch einmal in die turbulente, tolle Anfangszeit des ›Tabou‹ zurückzublenden, gab es eine dem Trompeter und dem in den Skandal um ›Ich werde auf eure Gräber spucken‹ verwickelten Übersetzer und Autor gewidmete Vierzig-Minuten-Sendung ›Carte Blanche à Boris Vian‹, die er ganz nach seinen Vorstellungen gestalten durfte, bei der er, wie der Titel ankündigte, »freie Hand« hatte. Es sollte die einzige längere Sendung über ihn zu Lebzeiten im französischen Radio bleiben, so sehr schlug sie ein und machte Skandal. Gesendet wurde abends zur günstigsten Sendezeit; Belgien und die romanische Schweiz übernahmen das Programm, so daß sich regional sehr unterschiedliche Spielarten des gesunden Volksempfindens in Protestbriefen Luft machten. Die Vorwürfe galten dem »perversen« Humor des »Pornographie« verherrlichenden Autors und ganz besonders auch dieser »Musik von Wilden«, dem Jazz, den das Orchester des ›Tabou‹ spielte. Die Sendung war eine einzige Surprise-Party, deren Ablauf ganz nach Plan und Geschmack von Boris Vian und seinem Freund Jacques Loustalot, dem Major, konzipiert war. Außer ihnen wirkten als Sprecher

PFÖRTNER: Wieso, was für ein Fortschritt?

AUTOR: Nun ... was für ein Fortschritt ... nun ja, nun ja, nun ja, was für ein Fortschritt ... Endlich kann man alles sagen ...

PFÖRTNER: Was verstehen Sie unter alles?

AUTOR: Alles! Politik ... Suez, Ungarn, Algerien, die Rationierung von Treibstoff, die Unterschlagungen der Vertreter der Markthallen, alles das ...

PFÖRTNER: *(trocken)* Zunächst eine Grundregel: keine Politik im Funk ...

AUTOR: Keine Politik. Also gibt es doch eine Zensur.

PFÖRTNER: Zensur ist unnötig, weil es keine Politik im Funk gibt.

AUTOR: *(perplex)* Ach ... hm ... äh ... ach ... ja ... ist ja klar.

PFÖRTNER: In Frankreich ist alles, was mit Politik zu tun hat, vollkommen klar: nur die Politiker sind berechtigt, sich einzumischen ...

➻

oder Sprecherinnen mit: Fred Pasquali, Yves Deniaud, Jean Claudio, Maurice Pierrat, Jeanne Fusier-Gir, Jacqueline Groussard sowie Marcel Levesque als Professor Frißtfrist. Das ›Tabou‹-Orchester präsentierte sich in folgender Besetzung: Lélio Vian (Gitarre), Alain Vian (Schlagzeug), Teymour Nawab (Gesang), Jacques Gruyer (Saxophon), Raymond Fol (Klavier) und Boris Vian (Trompete). Für die Regie des von Vian geschriebenen Szenarios zeichnete Jean-Jacques Vierne verantwortlich. Alle Teilnehmer spielten ihre Rollen mit großem Spaß, weil sie überzeugt waren, daß sie hier eine den Rundfunk gleichermaßen verulkende wie höchst ernst nehmende Form gefunden hatten. Für 40 Minuten wurde die übliche Hausordnung des Senders außer Kraft gesetzt, die Sendeanstalt war von Boris Vian und seiner ›Tabou‹-Bande okkupiert. Es begann mit einem geräuschvollen Auftritt des Majors und einem Kampf um die Mikrofone, schließlich begrüßte Boris Vian die lieben Hörer als neuer Rundfunkchef, die Nachrichten wurden als musikalische Nummer vorgetragen, Teymour Nawab betätigte sich als Vokalist und improvisierte die Meldungen in Bluesmanier. Die populärwissenschaftlichen Vorträge im Rundfunk wurden mit einem Auftritt von Professor Frißtfrist, einer Gestalt aus Vians Romanen ›Der Schaum der Tage‹ und ›Herbst in Peking‹, kräftig veralbert. Zwischendurch wurden die Bauern zunächst ermahnt, Getreide abzuliefern, statt es an ihre Schweine zu verfüttern, und am Ende als »Drecksbande« beschimpft: »Die Schweine sind krank auf Grund der Überfütterung durch Getreide, und wir haben nicht mal Mais. Von morgen an werdet ihr standesrechtlich erschossen! Wer Ohren hat zu hören, der höre!«

AUTOR: Ja ... nun ... gut denn ... das schränkt mich zwar ein bißchen ein, aber dennoch ... Und Religion?

PFÖRTNER: Sie machen wohl einen Scherz? Reicht Ihnen denn ein Paul Barthélemy noch nicht? Keine Religion im Funk, außer für Gläubige.

AUTOR: Ja ... Das ermöglicht eine gewisse Freiheit auf anderen Gebieten ... Ich mache mir Ihren Standpunkt zu eigen ...

PFÖRTNER: Es bleiben noch eine Menge Themen ... Der Sardinenfang, der Thunfischfang, der Dorschfang, was weiß ich?

AUTOR: Der Walfang?

PFÖRTNER: Oh, Vorsicht! Wollen Sie Onassis angreifen? Oder?

AUTOR: Aber nein ... Der Wal mit blauen Augen ...
Der von Jacques Prévert.

➻

Dann wurde Reklame gemacht für die »auf Lacans Mist gewachsene Eckzahnpasta, eine garantiert geschmacklose Zahnpasta«. Anschließend erfolgte die Übertragung eines Automobilrennens, zu dessen Teilnehmern Alexandre Astruc, Raymond Queneau, Jean-Paul Sartre (in einem existentialistischen Léon-Bollé mit royalistischem Rückwärtsgang und Engagement-Kupplung), Jean Cocteau, Albert Camus u.a. zählten. Ein Lautgedicht wurde mit Schlagzeugbegleitung vorgetragen, Alain Vian meldete sich mit eigenen Texten als Nicolas Vergencèdre zu Wort. Dann wurde erneut eine rätselhafte Botschaft verlesen, zu deren Dechiffrierung man sich an die Werke von Louis-Ferdinand Céline halten sollte, eine Detonation folgte, die alte Equipe eroberte das Funkgebäude zurück, der Major wurde verhaftet und ein neuer Sprecher kündigte die Direktübertragung einer Zeremonie anläßlich der Rückkehr von Adolf Hitler an. Zum Schluß wurde die offizielle Ablösung Boris Vians als Direktor des Rundfunks bekanntgegeben, und der Sprecher erklärte: »Während wir nun darauf warten, daß die Polizei sich auf die Suche nach Herrn Boris Vian, dem ehemaligen Generaldirektor des Französischen Rundfunks, begibt, werden wir eine kleine Surprise-Party veranstalten, in deren Verlauf ich hoffentlich gut ans Ziel kommen und Fräulein Lamouche vergewaltigen werde.« Die Sendung löste sich nun tatsächlich in eine turbulente Surprise-Party auf, der Major tauchte wieder auf, die zu Vian gehörende Equipe übernahm wieder die Mikrofone, ein kurzer dadaistischer Boogie-Woogie-Kurs schloß sich an, und alles endete in einer rasanten Musiknummer, die abrupt abbrach. Absolute Stille. Absage: »Sie hörten soeben ›Freie Hand für Boris Vian …‹«

PFÖRTNER: Ach so … Noch ein Schriftsteller. Sie müssen doch zugeben, daß Sie sich merkwürdige Themen aussuchen.

AUTOR: Aber das haben Sie doch vorgeschlagen …

PFÖRTNER: Was, ich? Ich hab von Fischfang gesprochen, doch ich scher mich den Teufel drum, ich, Monsieur. Ich bin kein Schriftsteller, ich bin Pförtner.

AUTOR: In Ordnung, ich. Ich bin Autor.

PFÖRTNER: Also, erfinden Sie was. Sie sind Autor, erfinden Sie was. Es ist nicht meine Aufgabe, Ihnen das zu sagen. Achten Sie auf Ihre Worte.

AUTOR: Gibt es verbotene Wörter?

PFÖRTNER: Nichts ist verboten, Monsieur, ein für allemal. Es gibt einfach einen Unterschied zwischen Umgangssprache und Schriftsprache. Das ist doch absurd, daß ein Fachmann da keinen Unterschied zu machen versteht.

➸

(Fürchterlicher Lärm. Stimmengewirr.)

STIMME DES SPRECHERS *(verzweifelt):* Die Leitung ... sie übergeben uns die Leitung. Sagen Sie irgendwas. Sagen Sie irgendwas ...

(Schnarrendes Kratzen.)

BORIS VIAN: Hallo, liebe Hörer, hier spricht Boris Vian, Generaldirektor der Französischen Rundfunkanstalt. Dank der Unermüdlichkeit einiger unserer zuverlässigsten Mitarbeiter ist es uns gelungen, die Leitung zum Preis von zwei Toten zu erobern, alle beide befinden sich im l'hôpital Cochin in Behandlung, seien Sie beruhigt. Weder Blumen noch Kränze, sondern Brot. Die Minuten sind kostbar. Wie also gedenken wir nun von heute an die Programme zu gestalten? Wir müssen schnell schalten, weil wir starker Konkurrenz ausgesetzt sind: Wladimir Porché, der frühere Generaldirektor der Französischen Rundfunkanstalt, Marschall Pétain, Ehreninspekteur der französischen Besatzungsarmee in Deutschland, Mathurien Régnier, Dichter, glücklicherweise schon länger tot, Agénor Pointu, Friedenswächter, der mir unlängst ein Interview gegeben hat, Peter Cheney, Erzbischof von Westminster.

...

ZWEITE SPRECHERIN: Nun kommen wir zu unserem Musik-Journal mit Timsy-Timsy. *(Das Orchester setzt ein.)* Nachrichten aus aller Welt in zweihundertfünfundzwanzig Sekunden.

ERSTE SPRECHERIN: Paris.

TIMSY: Präsident M. Vincent Auriol, meine Damen, hat heute die

Boris Vian, 1958

AUTOR: Ich habe das Recht, die Umgangssprache zu verwenden, da im Funk gesprochen wird.

PFÖRTNER: Nein, die Schriftsprache. Weil Ihre Texte gelesen werden, bevor sie gesprochen werden.

AUTOR: Und man entschärft sie?

PFÖRTNER: *(ungehalten)* Monsieur, wenn Sie weiter Dinge dieser Art unterstellen, werde ich Ihnen, so leid es mir tut, Hausverbot erteilen.

Boris Vian, 1956

Ausstellung mit seinem Besuch beehrt, meine Damen. Er hat alle Bilder angeschaut und hat dann gesagt: »Grauenhaft«, meine Damen. Und er ist jäh unter einem Picasso tot umgefallen.

ERSTE SPRECHERIN: Vatikan.

TIMSY: Gestern abend hat die Frau des Papstes, meine Herren, den Aufstand geprobt, sie hat das Recht auf Scheidung gefordert, meine Herren, aber weil dazu die Einwilligung des Heiligen Vaters nötig ist, meine Herren, ist es unwahrscheinlich, daß sie sie erhalten wird.

(Konservenbüchsenlärm.)

ERSTE SPRECHERIN: Was ist denn?

ERSTER SPRECHER: Der Major speist.

ERSTE SPRECHERIN: Hollywood.

TIMSY: Die Amerikaner verfilmen Großmutter Jeanne d'Arc, mit Orson Welles in der Rolle von Großvater Karl VII. Damit der Film dem Publikum auch gefällt, ist es besser, wenn die Geschichte gut ausgeht, meine Damen. Am Schluß heiratet sie Gary Cooper.

...

ZWEITER SPRECHER: Meine lieben Hörer, wir haben heute abend Professor Frißtfrist bei uns im Studio, der zu Ihnen über die Verdauung der Katze sprechen wird, eine Sendung von Raymond Queneau und Gaston Gallimard, mit der Maus Azor und dem Magen der Katze Ratapoil, die uns freundlicherweise vom Tierschutzverein ausgeliehen worden sind. *(Geräusch einer Karaffe und eines gierig geleerten Glases Wasser.)* Einen Moment, der Professor trinkt ein Glas Wasser.

Zeichnung von Siné:
»Die Deutschen und
die Gallier sind solidarisch.«
(De Gaulle)

FRISSTFRIST: Jeder von Ihnen besitzt eine dieser zärtlichen Kreaturen, die niedere Brüder der vornehmen Haltungen der Sphinx sind, deren egoistische Klarheit Baudelaire besingt. Doch wir wissen nur wenig über die komplexen Phänomene des physiologischen Lebens dieser Tiere, deren zu großes Aussehen uns veranlaßt, sie zu oft zu übersehen etcetera, etcetera. Die Verdauung der Katze umfaßt zwei Hauptphasen. a) Die Verdauung der Katze im eigentlichen Sinne:

(Schnatterndes Gequiek.)

Nehmen wir die Maus Azor, ohne uns um ihre Schreie zu kümmern. Trennen wir ihr die Beine ab, den Schwanz und die Ohren und geben wir sie unserer braven Ratapoil. *(Wildes Miauen. Schreckliches Gequiek.)* Der wir seit einem Monat keine Nahrung zugeführt haben, um ein gutes Versuchsergebnis zu erzielen. Sie macht sich nun über ihre Beute her. *(Inmitten vollständiger Stille macht es dann »glop«. Lippenlecken ... Runtergleiten in den Magen. Sattes Gequiek.)*

SCHREIE IM STUDIO: Azor! Azor! Dieses Biest!

FRISSTFRIST: Das ist mir unverständlich. Dieser Fall tritt derartig selten ...

ZWEITER SPRECHER: Liebe Hörer, wir bitten um Entschuldigung, aber die Maus hat die Katze verschlungen. Wir werden das Experiment wiederholen.

(Die gleichen Geräusche wie zuvor, aber nach dem Runtergleiten in den Magen ein zweites »glop«!)

FRISSTFRIST: Gut, gut. Sehr gut.

SPRECHER: *(leise, mit theatralischem Rückkoppelungseffekt)* Die

Zeichnung von Siné:
»... die schweren Kümmernisse zwischen Frankreich und seinen europäischen Nachbarn sind aus dem Weg geräumt.«

Katze verschlingt jetzt das Spezialmikrofon in Form einer Maus, das von Professor Frißtfrist für diesen Zweck präpariert worden ist. Wir werden nun dieses Mikrofon aufhängen, das ihren Magen erreicht haben muß.

(Barsches Aufhänggeräusch. Geräusch einer Maschine, einer Pumpe.)

FRISSTFRIST: Sie hören jetzt zweierlei Art von Geräuschen. Erstens die viehseuchenartige Kontraktion des rechten Magenmunds; zweitens das Durchkreuzen der Speiseröhre. Doch in Wirklichkeit ist dieses Phänomen seit Urzeiten bekannt und ist von keinerlei Belang. Ich habe übrigens eine Katze gehabt, die keine Mäuse verdaute.

ZWEITE SPRECHERIN: Das ist merkwürdig, Professor.

FRISSTFRIST: Das ist Geschmacksache. Ich verdaue sie auch nicht.

(Stille.)

VERSCHIEDENE STIMMEN: *(locker und gehemmt)* Ich auch nicht. Ich auch nicht.

DER MAJOR: Aber ich.

FRISSTFRIST: Auf jeden Fall und ohne den Leuten einen Vorwurf zu machen, die mich freundlicherweise, ich muß das sagen, gebeten haben, an dieser Sendung teilzunehmen, bin ich sehr wohl gezwungen, Sie darauf aufmerksam zu machen, daß die Verdauung der Katze nicht auf dem Lehrplan der Schulen steht.

ZWEITER SPRECHER: Hören Sie, Professor, beenden Sie Ihre Sendung. Das Mikrofon wird gebraucht...

FRISSTFRIST: Ja. b) Verdauung der Katze im besonderen Sinn des Begriffs. Sie nehmen eine Katze von sechs Monaten. Sie rupfen Sie, ziehen ihr das Fell ab, schlitzen sie mit einer Gabel auf und

vierteilen sie. *(Gebrutzel.)* In siedender Butter lassen Sie sie wieder zu sich kommen und stopfen ihr den Mund, denn sie miaut sehr stark. Danach lassen Sie sie fünf Minuten kochen ...

ERSTE SPRECHERIN: Aber Professor, da irren Sie ... Im Kochbuch meiner Tante Agathe steht, man soll immer drei Zehen Knoblauch nehmen. Glauben Sie mir, das ist ein altes Familienrezept und ...

...

DRITTER SPRECHER: Und jetzt bringen wir auf allgemeinen Wunsch die Aufnahme der Direktübertragung einer Zeremonie, die sich heute früh im flaggengeschmückten Berlin abgespielt hat, anläßlich der Rückkehr von Adolf Hitler, der vollständig von der schweren Krankheit genesen ist, die ihn während einer leider sehr langen Zeit von seinen Amtsgeschäften ferngehalten hat. Der Führer hat anläßlich seines Geburtstages eine große Zahl von Glückwunschtelegrammen erhalten. Wir werden Ihnen die wichtigsten verlesen, während das formierte Musikkorps oben Unter den Linden einen packenden Militärmarsch spielen wird, bevor der Führer in seinem Spezialcadillac erscheinen wird, um sich, in Befolgung des Marshallplans, zum neuen Kapitol zu begeben.

(Blasmusik mit Chören.)

Wenn die Soldaten
Durch die Stadt marschieren
Öffnen die Mädchen
Die Fenster und die Türen
Ein Warum Ein darum

Darassabum Darassassa ...
Ein Küss wenn es stimmt
Darassabum Darassassa ...
Ein Küss wenn es stimmt

ZWEITE SPRECHERIN: Hier das Telegramm, das Präsident Ramadier dem Führer geschickt hat: Lieber Führer, anläßlich Ihres dreiundfünfzigsten Geburtstages bin ich Ihnen wieder zu Dank verpflichtet für die kostbaren Lehren, die wir hinsichtlich der Wiederverproviantierung aus dem so interessanten und so fruchtbaren Experiment Ihrer Ernährungsorganisation gewonnen haben, dessen geniales Lebensmittelkartensystem für ganz Europa vorbildlich geworden ist.

DRITTER SPRECHER: Hier das Telegramm, das König George VI. dem Führer geschickt hat. Die Übersetzung stammt von Marcel Duhamel und Hélène Bokanowski: Lieber Führer, ich habe dem Telegramm von Präsident Ramadier, das ich soeben im Radio gehört habe, nichts hinzuzufügen. Auch wir in England, auch wir haben aus Ihren Lektionen Nutzen gezogen, und wir sind alle dreiundfünfzig Jahre alt.

ZWEITER SPRECHER: Von Präsident Truman eine Botschaft in der Übersetzung von Marcel Duhamel und Hélène Bokanowski ... Mein lieber Adolf ... Anläßlich ...

(Lärm einer anwachsenden Menge.)

ERSTER SPRECHER: Meine lieben Hörer, wir unterbrechen das Verlesen der Glückwunschbotschaft von Präsident Truman, um uns mit unserem Reporter Jules Lambrique in Verbindung zu setzen.

(Jubelgeschrei.)

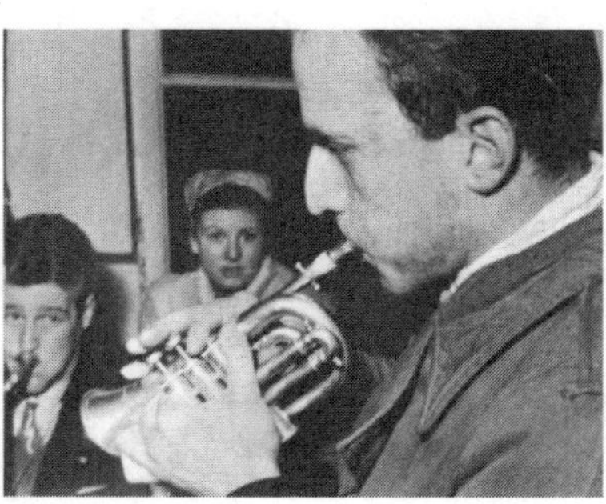

Tu mir weh, Johnny, Johnny, Johnny
Mach mich ganz verrückt – wumm!
Tu mir weh, Johnny, Johnny, Johnny
So ist die Liebe herrlich – bumm!

SPORTSPRECHER: Meine lieben Hörer, der Führer ist soeben, aufrecht in seinem Cadillac stehend, oben auf der Straße Unter den Linden aufgetaucht. Man spendet seiner imposanten Erscheinung Beifall, die ihm bei seinen Untertanen den Beinamen der Stählerne eingetragen hat. Sein großer Schnurrbart und seine boshaft blitzenden Augen sind halb verdeckt vom Schirm seiner mit einem roten Stern verzierten Mütze, und er schenkt dem Volk ein Lächeln, das ihm mit »Banzai«-Rufen zujubelt, »Banzai« übersetzt man in Deutschland mit »Heil«. Hinter dem Cadillac des Führers befindet sich im Gefolge ein Kosakenbataillon aus Frankfurt und eine SS-Abordnung auf kleinen kräftigen Wolgagäulen. Das Musikkorps setzt zum zweiten Stück seines Repertoires an. Der Beifall des Volkes schwillt an. Wir fahren nun mit dem Verlesen weiterer Telegramme fort ...

Boris Vian, 1947

Freund, du willst
Dichter werden
Verfasse vor allen Dingen
Keinen Schwachsinn
Schreibe keine
Allzu blöden Lieder
Wenn auch die Dummköpfe
Sowas lieben.

LIEBE, SEX UND POLITIK

Freunde, ich will meinen Saft verspritzen
Allen angehäuften Schmant ausschwitzen
In der Wurfbude meiner Eierpracht
Gebärdet sich mein Schwanz verhundertfacht
Ich kann nicht länger ruhig sitzen
Mann, Weib, Esel oder Kürbisschacht
Heute abend will ich in alle Ritzen.

Jagd nach dem Glück, die Liebesjagd,
Sind wir doch alle ständig dran,
Meist schick verpackt, manchmal auch nackt,
Jagd auf den Mann!

Lily Bontemps im Club ›Saint-Yves‹

Die Jahre von der Befreiung 1944 bis 1950 waren für Boris Vian die agilste Zeit seines Lebens. Nie wieder war er so vielseitig aktiv, angespannt, voller Neugier und nie arbeitete er ins Leere hinein. Und die Arbeit ging ihm leicht von der Hand. Er verstand es, die unterschiedlichsten Erfahrungen, Erfolge und Niederlagen letztlich doch miteinander zu vereinbaren, sich selbst immer im Zustand produktiver Spannung zu halten. So sehr Vian das Streitgespräch suchte und an polemischen Grundsatzerklärungen seinen Spaß hatte, aus den großen literarischen Debatten hielt er sich bewußt heraus, er war kein Literat und kein Literaturkritiker. Die mochte er nicht, und das sagte er auch. Kritik als analysierende Textinterpretation war seine Sache nicht. Was seiner Meinung nach ein Kritiker einem literarischen Text abverlangte, war im Ergebnis immer ein Mißverständnis. Die Kritiker unterstellten ihm ›Pornographie‹, um ihn als Schriftsteller abzutun, »doch das Obszöne«, fand Vian, »existiert nur in den Köpfen derer, die es entdecken und anderen andichten«. Die Kritikerpäpste jener Jahre, wie Jean Paulhan und Gabriel Marcel, mochten ›geschmacklose‹ Literatur wie die Romane Vians überhaupt nicht. Als potentielle Akademiemitglieder hüteten sie sich, auf Staatsanwälte zu schimpfen, für deren Schnüffler-Gesinnung sie in der Regel sogar viel Verständnis zeig-

Boris Vian um 1949

Wir liebten himmlisch, im Vertrauen
Selbst Aznavour hätt's umgehaun
Vom Grammophon kam Jazzmusik
Die swingte, was das Zeug nur hält
Dann hat der Hunger mich gefällt
Ich hab mein Bistro angewählt.

ten. Schon um sich solche Kostgänger literarischer Rituale vom Halse zu halten, mußte Sartre später den Nobelpreis ablehnen. Vians Kritiker empörten sich jedenfalls nicht, daß gerichtliche Instanzen sich anmaßten, Bücher unter ausschließlich kriminalistischen Kriterien zu begutachten. Am 13. April 1950 wurde auch der Roman ›Tote haben alle dieselbe Haut‹ verboten. Dessen Hauptfigur, dem weißen Rausschmeißer eines Lokals, der für einen Schwarzen gehalten wird, hatte Vian den Namen Dan Parker gegeben, eine Anspielung auf den Präsidenten des ›Cartel d'Action Morale et Sociale‹, der beim Verfahren gegen ›Ich werde auf eure Gräber spucken‹ als Hauptkläger aufgetreten war und Daniel Parker hieß.

Gegen alle Anhänger körperlicher Ertüchtigung, »diese Daniel Parkers, die Pfadfinder, die Jugendorganisationen, die Elternvereine, die amerikanischen Filmproduzenten, die Flurwächter, die Polizei, das ganze Militaristenpack, und was da sonst noch kreucht und fleucht«, wandte sich Boris Vian in seinem Vortrag über ›Die Nützlichkeit erotischer Literatur‹ am 14.6.1948, und auf dem Hintergrund dieser Auseinandersetzungen verfaßte er dann eine ganze Reihe von Erzählungen, Glossen, Gedichten und Liedern, in denen es immer wieder um die Frage ging, ob nicht die Prediger von Moral und die Einpeitscher von Zucht und Ordnung als die schlimmeren ›Pornographen‹ zu gelten haben.

Vians Auffassung war: Je mehr sich die Leute für Liebe und Sexualität interessieren und je mehr von ihrer Aktivität sie darauf verwenden, um so schlechter stehen die Chancen für Krieg; wird Entspannung in der Liebe gefunden, ist dem Krieg erst einmal der Nährboden entzogen. »Erotische Bücher lesen, sie anderen nahe-

Buchumschlag der Erstausgabe von ›Tote haben alle dieselbe Haut‹, Paris 1947

bringen, sie schreiben, heißt an der Welt von morgen arbeiten und der echten Revolution den Weg bereiten.« In diesem Sinne hat Vian fast nur ›unanständige‹ Geschichten geschrieben. So unbeschwert und lustbetont, wie er die Klassiker der erotischen Literatur verstanden wissen will, lassen sie sich allerdings nicht immer lesen, und Vians eigene Romane und Erzählungen zeugen trotz ihrer Beschwingtheit mehr von seiner Sehnsucht nach Liebesfähigkeit als nach uneingeschränkter Liebesbetätigung; im wesentlichen sind sie ein beredtes Zeugnis seiner Ängste, Obsessionen und Projektionen. So sehr Vian die Liebe preist und auch immer wieder betont, wie sehr er »Frauen mag«, fast in allen Texten, die er von 1944 bis zu seinem Tod 1959 geschrieben hat, stellt er Frauen negativ dar: Sie hindern den Mann, sein Glück zu finden, sie verstehen nicht die Probleme des Mannes, sie können ihm so gut wie gar nicht beim Lösen seiner Schwierigkeiten helfen. Die ›peinliche‹ Geschichte, die uns Vian erzählt, verläuft stets in einer Richtung: Der Mann begegnet einer Frau, er gibt ihr Selbstvertrauen und neuen Lebensmut, er ›versteht‹ sie, und sie mißversteht ihn, erreicht mit ihrer penetranten Lebensauffassung, daß er sich umbringt. In der Regel überleben die Frauen den Mann, sie werfen sich ohne Bedenken ins Leben, und wenn sie den Mann nicht mehr gefangenhalten können, halten sie sich an die Kinder. Den Freiheitsraum und die Träume, die das Kind gegen die Eltern zu verteidigen hat, muß der Mann gegen die Frau verteidigen. Mutter und Gattin, Vian macht da keinen Unterschied, wollen dasselbe: den Sohn, den Mann besitzen, seine Haut durchdringen. Verständigung ist eigentlich unmöglich. Im Roman ›Der Herzausreißer‹ sagt Angel: »Frauen und Männer leben nicht auf derselben Ebene.«

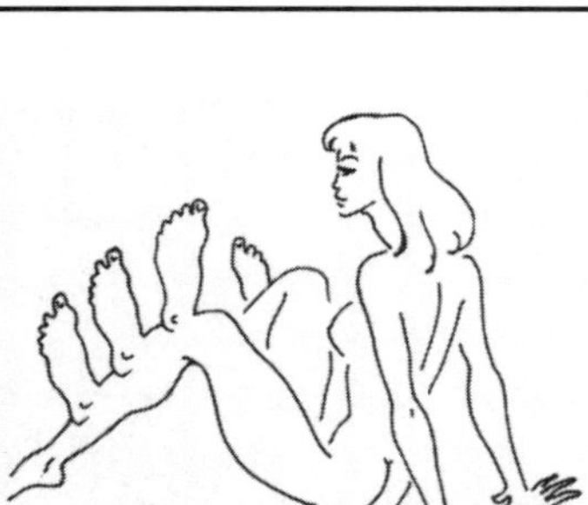

Zeichnung von Jean Boullet

In den Tagebuchaufzeichnungen aus dem Jahr 1914 findet sich bei Franz Kafka eine ›peinliche Geschichte‹, die der ›Aussichtslosigkeit‹ von Boris Vian, der Unmöglichkeit, bei dem Menschen, den man liebt, rettendes Verständnis zu finden, sehr nahe kommt: »Ich gehöre hinunter, ich finde keinen andern Ausgleich, F. ist zufällig die, an der sich meine Bestimmung erweist, ich bin nicht fähig, ohne sie zu leben, und muß hinunterspringen, ich wäre aber – und F. ahnt dies – auch nicht fähig, mit ihr zu leben ... ich lebe ganz verwickelt ins Leben, ich werde es nicht tun, ich bin ganz kalt, bin traurig, daß ein Hemd um den Hals mich drückt, bin verdammt, schnappe im Nebel.«

Selbst in ›Der Schaum der Tage‹, einem Roman voller Zärtlichkeit, den Queneau als »eine der ergreifendsten Liebesgeschichten der Gegenwart« bezeichnet hat, wird die kritische Haltung gegenüber den Frauen nicht aufgegeben. In gewisser Weise ist eben Chloé die Ursache des Unglücks von Colin. Beider Liebe wird von keinem Schatten getrübt, solange sie unverheiratet sind. Die Hochzeit jedoch versetzt das Paar zurück ins wirkliche Leben, von nun an geht alles schief. Colin stellt sich nicht die Frage, ob er wirklich für die Ehe geschaffen ist, wie das der Major und Antioche am Ende von ›Drehwurm, Swing und das Plankton‹ tun. Er bleibt in Chloé verliebt, läßt sich das einmal von ihr gewonnene Bild nicht beschmutzen und folgt ihr in den Tod.

In den im Milieu der Jazzkeller, Nachtclubs und Surprise-Parties spielenden Erzählungen bleiben die misogynen Invektiven spielerisch, es überwiegen burleske und ironische Töne. Aber in Romanen wie ›Herbst in Peking‹, ›Das rote Gras‹ und ›Der Herzausreißer‹

Michelle 1946–47.
Chez elle, Faubourg-Poissonnière

ist der Humor schwarz eingefärbt, und die Liebe schrumpft zur Utopie, an der das Herz des Mannes bricht, während die Geliebten des Mannes ihren Lebenshunger als phantasielose Sexmonster zu stillen vermögen. »Sie haben keine Phantasie«, resümiert Anne in ›Herbst in Peking‹, »und sie glauben, daß sie ausreichen, um ein Leben zu erfüllen.« In den verschiedensten Situationen des Lebens erweist sich immer nur, daß der Mann zum Opfer weiblicher Grausamkeit wird. Es ist nicht ungewöhnlich, daß befreundete Männer sich fragen, ob man denn überhaupt eine Frau braucht. »Physisch«, sagte Angel, »vielleicht.« »Nein«, sagte Anne. »Nicht nur physisch; selbst intellektuell gesehen ist keine Frau unentbehrlich. Sie sind zu verquer.«

Homosexuelle Männer übrigens spielen bei Vian nur dasselbe Spiel wie Mann und Frau. Frauen, so deutet er noch in den verrücktesten seiner Geschichten an, sind zugleich Schlüssel und Hindernis zum Glück des Mannes. Ohne sie ist er nichts, er kann sich ihnen nicht entziehen, aber sie bleiben ihm fremd, und er ist unweigerlich ihren Foltermethoden ausgesetzt. Das negative Frauenbild findet sich keineswegs nur in den Romanen des Vernon Sullivan, wo es sozusagen genrebedingt auftaucht, es ist als wesentlicher Grundzug in allen Werken Vians vorhanden. Seine Darstellungsweise entspricht ziemlich genau der von Raymond Chandler, dessen Romane er übersetzt hat und in denen sich die Männer in ihrem Verhalten gegenüber Frauen überwiegend durch Misogynie und Masochismus auszeichnen.

In der Erzählung ›Hunde, Lust und Tod‹ verliebt sich ein Taxichauffeur grenzenlos in eine Frau, die ihn nur als Werkzeug ihrer

›Du bist schön‹, flüsterte er, ›wie eine angezündete japanische Laterne.‹

(Das rote Gras)

ausgefallenen Leidenschaft braucht. Sie verschafft sich lediglich ihre Lust, der Mann aber bleibt ihr verfallen über ihren Tod hinaus, er wird für den Mord, den sie begangen hat, exekutiert: »Ich weiß, für euch bin ich ein Monster, aber ihr habt dieses Mädchen nicht gekannt. Ob Hund oder Kind, für diese Frau hätte ich alles getötet.« Und in der alptraumhaften Novelle ›Der Voyeur‹ wird der arglose Skifahrer, der unbekümmert hinter drei Mädchen her ist, als unwillkommener Zeuge ihrer Sexspiele im Schnee umgebracht, noch eine der kaltblütig ausgeführten Kreuzigungen, die dem Mann von der Frau widerfahren.

Schon aus Rache »für die rüde Behandlung seitens der Männer« sollten Frauen, meinte Vian, mehr erotische Literatur schreiben: »Nie hat es eine Frau gewagt, Männer auf dem Papier derart zu mißbrauchen, wie sich das die Männer den Frauen gegenüber herausnehmen.« Vian, der Meister von ›unanständigen‹ Geschichten, die so peinlich oder bitter-komisch enden, mochte die männerbetonte ›pornographische‹ Literatur eher nicht. Nicht Henry Miller schätzte er, sondern so verspielt amouröse und jugendtolle Bücher wie ›Erwachende Herzen‹ von Colette. Die Misogynie war das auffälligste Merkmal seines Hangs zum Paradoxen, gewiß diente sie vor allem als Tarnung seiner Einsamkeit und Verletzbarkeit. Hinter der Maske verbargen sich, Simone de Beauvoir weist darauf in ihren Memoiren hin, »ein außerordentlicher Zartsinn und eine Art eigensinniger Aufrichtigkeit«.

Der Entschluß, auf seinen Gesundheitszustand Rücksicht zu nehmen, fiel Boris Vian außerordentlich schwer, denn sein exzessives, sich nicht schonendes Leben war ja in nicht geringem Maße

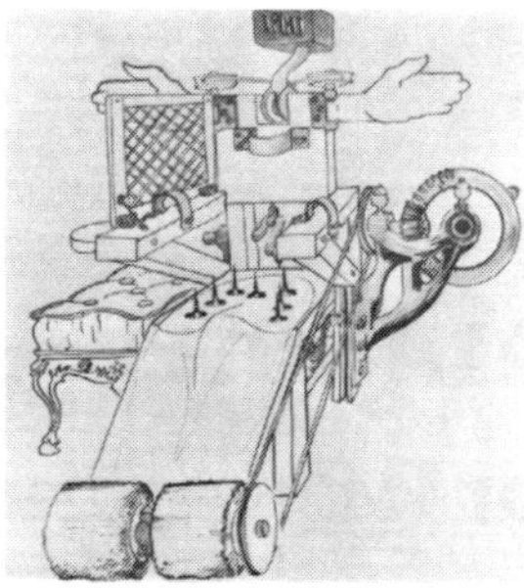

Von Boris Vian ausgedachte Geständnis-Maschine

eine Auflehnung gegen das allzu abgeschirmte Dasein seiner Kindheit. Andererseits diente ihm die Schutzzone, die für ihn errichtet wurde, als Beobachtungsposten, und seine vorsichtige Distanz war der Humus, auf dem sich seine Begabung entfalten konnte. Den kritischen Kinderblick behielt er später bei, und er ließ sich nie zum Preis des Erwachsenwerdens auf die Spielregeln angepaßter Vernunftmenschen ein. Während der Jahre, in denen er lernen mußte, mit seiner Krankheit zu leben, ohne sich als eingeschränkter Mensch zu erkennen zu geben, war er sicher zu sehr mit sich beschäftigt, leicht reizbar und oft unfähig, den Lebenshunger seiner Frau neben sich zu ertragen, die ihm wiederum die Fesseln ihrer gutgemeinten Ratschläge und Sorgen um seine Gesundheit anzulegen versuchte. So waren beide mit der Zeit wohl der Meinung, daß sie falsch lebten. Michelle fühlte sich mehr zu dem Kreis um Jean-Paul Sartre, Boris mehr zu den Theaterleuten und Musikern hingezogen.

Dem Kult um Sartre konnte Vian wenig abgewinnen, und er litt auch zu stark unter seinem mangelnden Erfolg als Romancier, um in der Runde der Schriftstellerkollegen und Caféhaus-Intellektuellen als souveräner Debattierer aufzutreten. Schon in der Blütezeit des Existentialismus hatte er gegen Camus und Sartre erklärt: »Ich bin kein Existentialist. Für den Existentialisten geht nämlich die Existenz dem Sein voraus. Für mich gibt es kein Sein.« Sein Denken wollte die moralischen Fragestellungen nicht ausklammern, es war nicht dem Glück der Menschheit zugewandt, sondern kreiste mehr um die Frage des Glücks für den einzelnen. Boris Vian weigerte sich, abstrakte Betrachtungen über den Tod oder den Sinn des Lebens anzustellen und nur nach dem Tatbestand der Existenz zu fragen,

Michelle Léglise-Vian
und Jean-Paul Sartre

losgelöst von der Situation des einzelnen und dessen Lebensumständen. Die existentialistische Lösung erschien ihm nur als eine weitere Fluchtbewegung. Vian schätzte Sartres Roman ›Der Ekel‹, dem Propagandisten des Engagements aber, dem Star intellektueller Debatten begegnete er eher mißtrauisch. Die Sartre-Anhänger verachtete er, Sartre selbst nahm er ausdrücklich gegen die blinde Verehrung seiner Gemeinde in Schutz. In seinem Saint-Germain-des-Prés-Reiseführer beschrieb er Sartre als »Schriftsteller, Dramatiker und Philosoph, dessen Arbeit ganz klar in keinem Zusammenhang steht mit karierten Hemden, den Kellern oder langen Haaren, und der es wirklich verdienen würde, in Ruhe gelassen zu werden, weil er ein famoser Typ ist.«

Sich als Schriftsteller oder Wissenschaftler überhaupt mit Problemen der Politik zu beschäftigen, wie es die Existentialisten praktizierten, betrachtete er bereits als Zugeständnis an die Politiker. Er schlug die Abschaffung der Politik mit Hilfe der wissenschaftlichen Durchdringung des täglichen Lebens vor. Der Ingenieur Vian regte an, weil er an politische Lösungen nicht glauben mochte, die Politik als eine Krankheit wie die Syphilis zu behandeln. Krieg, der für Militärs bekanntlich die Fortsetzung der Politik mit anderen Mitteln darstellt, war in den Augen Vians nichts als eine raffinierte Form der Arbeitsbeschaffung. Das Glück der Menschheit, der Aufbau einer humanen Welt und das Ende von Unterdrückung hingen deshalb, so meinte er, vor allen Dingen von der Einstellung der Menschen zur Arbeit ab, ihrer Weigerung nämlich, ›unnützliche Arbeit‹, die zwar ökonomisch effektiv ist, aber zerstörerisch wirkt, zu verrichten. Arbeit wollte er als schöpferische Aktivität von Geist und Körper

Boris Vian, 1955

verstanden wissen. Boris Vian argumentierte in einer Art staatsphilosophischen ›Abhandlung über Bürgertugenden‹, die Fragment blieb, mit Hegel und Blanqui und orientierte sich an den Ideen von Lewis Mumford, Alfred Korzybski, Norbert Wiener und Hans Reichenbach. Einige Thesen aus ›Der Mensch in der Revolte‹ von Camus, jener Schrift, die den endgültigen Bruch zwischen Sartre und Camus herbeiführte, dürften ebenfalls sein Denken beeinflußt haben, wenn er auch grundsätzlich und persönlich mehr Sympathien für Sartre und Merleau-Ponty empfand.

Es wäre zu einfach, seine von keinem Pragmatismus getrübten und einfach radikalen Vorschläge als poetischen Anarchismus abzutun. Er wollte lieber einer verblüffenden Logik folgen, als mit der Schere im Kopf an Kompromißformeln und Übergangslösungen arbeiten, die die Ursachen gesellschaftlicher Mißstände nur verdecken helfen. Ein Hitler an der Spitze eines Staates, meinte er, ist für sich genommen kein Skandal, er ist ja ›gemacht‹ worden, er ist gefährlich erst durch die Basis, die ihn ermöglicht. Die Trägheit und Herdengesinnung des Menschen, seine Manipulierbarkeit ist das Verhängnisvolle. Ein wesentlicher Vorschlag Vians war, die Beamten und die Polizei (die Träger des zivilen Gehorsams und Wegbereiter des Militärwesens) auszuhungern, dann gäbe es keinen Krieg mehr. Von einer simplen Beamtenreform erwartete er so gut wie nichts. Er wollte den Circulus vitiosus endlich einmal durchbrochen sehen. Deshalb weigerte er sich, ›politisch‹ zu argumentieren. Als in der Zeitschrift ›Les Temps Modernes‹ ein Artikel gegen den amerikanischen Senator McCarthy erschien, notierte er: »Um McCarthy zu stürzen, gibt es nur einen Weg: ihn stürzen. Ihn analysieren bewirkt

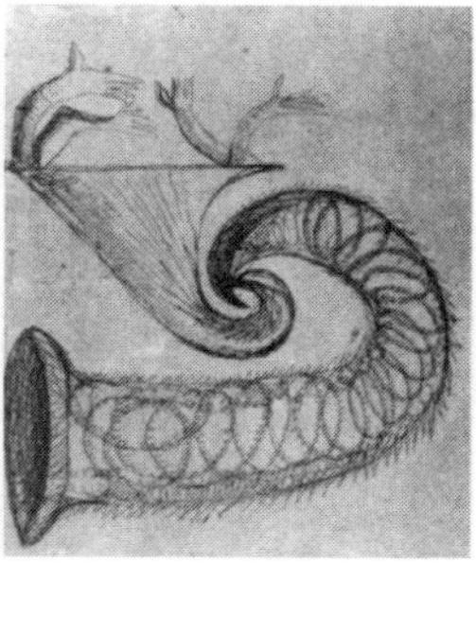

Zeichnung von Boris Vian

nichts ... McCarthy ist nicht intellektuell gefährlich, sondern materiell. Sinnvoll ist nur, ihn materiell zu attackieren. Mit dem Messer.«

Die Unzulänglichkeit seiner Argumente war ihm bewußt. Er haßte Krieg und Gewalt. Über Politik debattieren wie Sartre und seine Freunde mochte er nicht, sie änderten auch auffallend oft nur ihre Meinung. Sein eingefleischter Skeptizismus hinderte ihn daran, nach der Lektüre eines philosophischen Werks oder eines politischen Artikels sich im Besitz der Wahrheit zu glauben. Er hatte kein Talent zu fanatischen politischen Auseinandersetzungen. Zur ›Besinnung‹ gekommene Renegaten wie Arthur Koestler (erst übereifriger Kommunist, dann entsprechend übereifriger Antikommunist) mochte er nicht bewundern: »Ich finde es nicht charaktervoll, seine Fehler einzugestehen, ich finde es vor allem bedauerlich, sie gemacht zu haben.«

Großen Anteil an Vians dezidierter Einstellung zur Politik in den fünfziger Jahren hatten besonders die Gespräche mit Marcel Degliame, der bis 1939 kommunistischer Gewerkschaftsmann gewesen war und dann als Colonel Fouché in der Résistance-Armee gekämpft hatte. Degliame ermutigte den Schriftsteller und Dichter Vian, alle Möglichkeiten zu nutzen, mit den Mitteln des Kabaretts und des Schlagers politische Störfeuer zu entzünden und humorvolle Gegenpropaganda zu betreiben. Degliame, vor allen Dingen aber der Schriftsteller und Filmregisseur Pierre Kast, teilten mit Boris Vian das Interesse für Science-fiction, die sie als »Umkehrung des historischen Romans« auffaßten, als Zukunftsforschung, die ein besseres Verständnis der Widersprüche und Lächerlichkeiten unserer heutigen Welt ermöglicht. Vian ging es in erster Linie um die tat-

Mimodrame im Haus von Jacqueline Sundström

v.l.n.r.:
Pierre Kast, Marcel Degliam[e],
Ursula Kübler, Prinz Eristov,
Boris Vian und die Tochter d[er]
Hausherrin, Boots

sächlich wissenschaftsorientierte Science-fiction-Literatur, die politischen und aufklärerischen Charakter hat, nicht um irgendwelchen phantastischen Dutzendkitsch, der aus Unwissenheit und Bequemlichkeit auf einem Planeten X fern von aller Wirklichkeit spielt: »Man muß ein bißchen die Naturwissenschaften mögen, ein bißchen die Mathematik, die Physik, all das. Dreiviertel der Leute, die in Amerika gute Science-fiction-Romane schreiben, sind Wissenschaftler. Wissenschaftler, die das ernst nehmen und denen es viel Spaß macht. Sie erfinden Sachen, von denen sie selbst wissen, daß sie unmöglich sind. Aber ihre wissenschaftliche Bildung zeigt sich nicht so sehr in der Erfindung, sondern eben in der Schärfe ihrer Entwicklung. So kommt man zu der Tatsache, daß die Science-fiction gerade deshalb von Interesse ist, weil sie die Anwendung neuer Strukturen auf die Entwicklung und die Produktion eines Kunstwerks ist.«

Um Aktivitäten im Sinne solcher Überlegungen anzuregen, gründete Vian mit Pierre Kast, Raymond Queneau und Michel Pilotin den ›Club des Savanturiers‹, die Vereinigung von Wissensabenteurern, von Leuten, die eben, wie zum Beispiel Queneau, gleichzeitig wissen, was in der Literatur vorgeht, was auf dem Gebiet der Mathematik gedacht und was in der Physik neu entwickelt wird. Sie wollten einer Synthese von Wissenschaft und Kunst verpflichtete ›Koordinatoren‹ sein, »die zwischen sich und einem Bereich des Wissens keine Mauern hochziehen«.

Wenn Boris Vian auch nur noch selten in die Keller von Saint-Germain-des-Prés hinabstieg und die Cafés der Intellektuellen-Boheme mied, sein Rollenwechsel bedeutete noch lange nicht, daß

»Science-fiction ist gerade deshalb von Interesse, weil sie die Anwendung neuer Strukturen auf die Entwicklung und die Produktion eines Kunstwerks ist.«

er sich Ruhe gönnte, geschweige denn, daß er sich im Interesse eines ungestörten und unbeschwerten Lebens zu einem wohlgefälligeren Gehorsam durchgerungen hätte. Er flüchtete auch nicht in die Geborgenheit einer neuen Ehe. Der Glücksfall, daß er Ursula Kübler kennenlernte, gab ihm im Gegenteil den Mut, sich nicht zu verleugnen, an seiner kompromißlosen Gesinnung, seiner Lust zur Provokation und seiner unbürgerlichen Lebenseinstellung festzuhalten. Sie trafen sich zufällig bei einem der regelmäßig stattfindenden Cocktailempfänge des Verlagshauses Gallimard im Juni 1950. Ursula Kübler gehörte damals der Ballett-Truppe von Roland Petit an. Man sprach kurz miteinander, stellte fest, daß man eine gemeinsame Bekannte hatte, bei einem weiteren Empfang ließ sich Ursula seine Adresse geben, sie gab ihm ihre, man verabredete sich schließlich ... Boris Vian mußte sich bald fragen, warum er nicht sofort gespürt hatte, daß diese Begegnung schicksalhaft war, daß dieses ›Bärchen‹, wie er sie fortan nannte, die ›Richtige‹ war: »Ich bin doof, weil mich das in diesem Moment nicht erstaunt hat. Ich muß erwähnen, daß es bei vielen Dingen ähnlich schiefläuft. Keine Lust. Das ist alles. Zu nichts. Vor allen Dingen keine Lust zu arbeiten. Ich habe die Trompete aufgegeben. Die liebte ich wirklich über alles. Und zumal eben alles mit meiner Frau schiefgeht. Das ist komisch, daß man ›meine Frau‹ sagt, ›mein‹ vor allen Dingen ist komisch.«

Ursula Kübler, Tochter des Schweizer Schriftstellers, Zeichners und Schauspielers Arnold Kübler, wußte nichts von dem Autor Vian und seinem Skandalprozeß, sie verstand es einfach, ihn erzählen zu lassen und ihm zuzuhören. Sie vertraute ihm auf Anhieb, stellte keine falschen Fragen und gab ihm auf diese Weise allmäh-

Ursula Kübler und Boris Vian
bei einem Kaffee auf dem place Blanche

lich sein Selbstvertrauen wieder. Die Tänzerin verfolgte weiter ihren Weg auf der Bühne; Boris Vian bewunderte ihr Können, mischte sich nicht in ihre Arbeit, ließ ihr alle Selbständigkeit. Michelle Vian, die inzwischen als Übersetzerin und als eine Art Redaktionssekretärin für ›Les Temps Modernes‹ tätig war, begann ein Verhältnis mit Sartre und lebte mit ihm in jenen Monaten enger zusammen, in denen Simone de Beauvoir in den jungen, als Zionist und Marxist gleichermaßen militanten Journalisten Claude Lanzmann verliebt war. Im September 1952 wurde Boris ›schuldig‹ von Michelle Vian geschieden. Am 8. Februar 1954 heiratete er Ursula Kübler.

Er arbeitete nun wieder voller Elan und mit wachsendem Erfolg als Texter und Librettist. Zunächst hatte er für sich und Ursula eine winzige Wohnung am boulevard de Clichy gemietet, deren Möbel und gesamte Einrichtung er bis ins Detail selbst entworfen und geschreinert hatte. 1954 mieteten sie dann eine Zweizimmerwohnung, die in einen Gebäudekomplex unmittelbar hinter dem einst berühmten ›Moulin Rouge‹ hineingebaut war. Der breite Treppenaufgang, der an einer offenen Saalhöhle vorbeiführte, dürfte ursprünglich ein Teil des Theaters gewesen sein. Auch diese Wohnung richtete Boris Vian selbst ein, er baute Gestelle und installierte alles, was von der Einrichtung irgendwie gegen die hohen Decken verlagert werden konnte, an den Wänden, um die Zimmer möglichst großräumig wirken zu lassen. Zu seiner Ausstattung gehörten eine riesige Kollektion seltener und allerneuester Werkzeuge und eine alte hölzerne Hobelbank. Als sich Jacques Prévert einen Stock tiefer in dem Haus einrichtete, kamen die Handwerker staunend zu Vian hoch und liehen sich seine Spezialbohrer und Sägen aus.

Boris Vian
zwischen Suzy Delair und Ursula Kübler

Den Patentämtern unterbreitete Vian eine Reihe von Erfindungen; das Brevet für ein gefedertes Rad wurde ihm erteilt, aber dann blieb das Projekt doch liegen, weil ihn die serienmäßige Herstellung kaum interessierte und weil ihn längst neue Einfälle bedrängten, mit denen er seinen Spaß hatte und denen er Erkenntnisse abzugewinnen hoffte. Auch die handwerkliche Betätigung war für ihn schöpferische Arbeit, er kannte keine Berufsschranken, legte aber größten Wert auf berufliche Qualifikation. Der Lohn von Arbeit sollte in der Intensivierung des Lebens, ihr Sinn eben nicht in Profit, Macht und Prestigezuwachs bestehen. Er wandte sich dagegen, daß die Gesellschaft die Initiativen einzelner Menschen behinderte, indem sie Lizenzgesetze, Berufsbestimmungen, Gewerkschaftsvorschriften, Lohnschemata, Prüfungen einsetzt. Was aber angeblich allen Nutzen bringt, was Effizienz hat und Rendite abwirft, meinte er, schadet dem einzelnen. Massenmethoden nützen dem politischen System, das sie begünstigt, serienmäßig hergestellte Gegenstände bringen den Herstellern immer größere Profite als Unikate.

Nachdem Theaterleute wie Jean-Marie Serreau, Yves Robert, Georges Vitaly und Interpreten wie Juliette Gréco, Henri Salvador, Mouloudji so begeistert auf Vian setzten, hatte auch Jacques Canetti, der von 1945 bis 1962 einer der leitenden künstlerischen Direktoren der Schallplattenfirma Philips war und sich außerdem als Theater- und Konzertagent betätigte, den Wunsch, Boris Vian kennenzulernen und als Mitarbeiter zu engagieren, zumal er ihn als Jazzkolumnist sehr schätzte. Eine feste Anstellung bei Philips lehnte Vian ab, weil er nicht für die Rentabilität von Plattentiteln verantwortlich sein

Boris Vian mit Sohn Patrick in seiner ›Werkstatt‹, 1956

wollte. Marktgesetze waren ihm auf Grund der Erfahrungen mit seinem Sullivan-Bestseller einfach zuwider. Er zog es vor, einstweilen nur als Berater für das Jazzplattenprogramm und als Gestalter des Jazzkatalogs tätig zu sein. 1956 überwachte er in der Funktion als freier Mitarbeiter hauptsächlich die Aufnahmen mehrerer Rock-Schlager. Er selbst steuerte auch einige Titel bei, einen ›Rock-and-Roll-Mops‹, den antiklerikalen Hit ›Frock and Roll‹, in dem Mönche im Kreuzgang eines Klosters Rock tanzen und ihre Begeisterung bis zum Papst Wellen schlägt, und nicht zu vergessen den Sexspaß ›Rockin' Party‹ nach dem Muster von ›Good Rocking tonight‹. Für das von Canetti produzierte Stück ›La Bande à Bonnot‹ von Henri-François Rey verfaßte Boris Vian zwölf Chansons, und für Canettis ›Brecht-Spectacle‹ mit Catherine Sauvage in der Comédie des Champs Elysées übersetzte er mehrere von Weill vertonte Brecht-Songs neu, darunter ›Surabaya-Johnny‹, ›Bilbao-Song‹, ›Alabama-Song‹ und ›Nannas Lied‹.

Von dem Komponisten Jimmy Walter erfuhr Canetti, daß Vian mittlerweile mit dem Gedanken spielte, eine Reihe seiner jüngst entstandenen und zum Teil selbst in Musik gesetzten Lieder vorzutragen. Da ihm diese Lieder gefielen, ermutigte er Vian, im Rahmen von Varietés-Programmen in seinem Kabarett ›Les Trois Baudets‹ aufzutreten. Mit der Trompete vor ein Publikum zu treten war für den Kellerprinzen kein Problem gewesen, kurios gemixte Juxeinlagen und Showeffekte waren ihm nicht fremd. Doch als Chansonnier mußte er nun ohne jedes Requisit auskommen, jedenfalls bei den Liedern, die er zu singen gedachte. Er erarbeitete sich eine Vortragstechnik, bei der er auf alle theatralischen Effekte verzichtete.

Boris Vian, 1955
singt Chansons im Kabarett
›Les Trois Baudets‹, 1955

Als Sänger, alleine auf der Bühne stehend, wirkte er eher linkisch. Doch seine bescheidene, auf inhaltliche Akzente konzentrierte Art des Vortrags und seine knappen sarkastischen Kommentare ließen das Publikum schon bald engagiert mitgehen.

Einige Monate lang trat er fast Abend für Abend in ›Les Trois Baudets‹ auf. Im Sommer 1955 organisierte Canetti dann eine Tournee durch Frankreich und Belgien mit dem Programm ›Die Aufzeichnungen des Major Thompson‹, in das ein Zwanzig-Minuten-Auftritt für Boris Vian eingebaut war. In einigen Städten der französischen Provinz kam es zu Protestaktionen gegen den Autor, als er das Lied vom Deserteur sang. Nach der Vorstellung diskutierte er einige Male mit großer Geduld, erläuterte ehemaligen Offizieren, die im Saal für feindliche Stimmung gesorgt hatten, seine unkriegerische Haltung.

Durch die Intervention des Bürgermeisters der Stadt Dinard wurde ›Der Deserteur‹ in höchsten Kreisen bekannt. Die zum Krieg in Algerien entschlossene ›Nation‹ empörte sich. Als andere Sänger das Lied in ihr Repertoire aufnahmen und es schließlich bei Philips als Schallplatte herauskam, wurde es verboten. ›Der Deserteur‹ wurde von den Militärs so entschieden abgelehnt und dann unterdrückt, weil der Verfasser einfach zu logisch und entschlossen destruktiv argumentierte, wie ein trotziges Kind, dem Begriffe wie Bürgerpflicht oder Patriotismus keinen Eindruck machen können. Vian trug das Chanson auch wie ein Kinderlied vor. Vielen Linken dagegen erschien es damals nicht engagiert genug, sie erklärten es für rein pazifistisch. Aber auf das Problem ›gerechter‹ oder ›ungerechter‹ Krieg ließ sich der Verfasser erst gar nicht ein; für ihn war

Hildegard Knef

Boris Vian begrüßt Erroll Garner am Flughafen Orly, 1957

Krieg nun einmal, wie man ihn auch bewerten mochte, inhuman. Für ihn war nicht der Protest gegen den Krieg ausschlaggebend, sondern die Entscheidung, nicht an ihm teilzunehmen. Den protestierenden Militärbehörden hielt er entgegen: »Ich habe kein antimilitaristisches Chanson verfaßt; es handelt sich lediglich um ein für Zivilpersonen bestimmtes Chanson.«

Seit 1957 arbeitete Vian fest für die Firma Philips beziehungsweise deren Tochtergesellschaft ›Fontana‹. Der Plattensektor, den er betreute, hieß ›Varietés‹; dazu gehörten die Einspielungen der damaligen Stars des Chansons wie Magali Noël, Les Quatre Barbus, Henri Salvador, Mouloudji, Jacqueline François, Béatrice Moulin, Juan Catalano und Jazzaufnahmen mit Miles Davis, Earl Hines, Michel de Villers, Claude Bolling et ses Dixifaunes, Eddy Marnay oder Art Blakey. Er stellte eine Chanson-Reihe zusammen mit Sammeltiteln wie ›Zu Zeiten des Charleston‹, ›Chansons 1900‹, ›Chansons von Bruant‹, ›Von Marlene zu Marilyn‹, er gab eine Serie von Platten mit bemerkenswerten Filmmusiken heraus, und er bestimmte die Interpreten und Musiker, die in der Regel sehr gerne mit ihm zusammenarbeiteten, weil er die Genres der Unterhaltung sehr ernst nahm und immer mit brauchbaren Vorschlägen und Tips zur Hand war sowie die Repertoires der Sänger mit neuen Texten zu bereichern verstand. Mit dem Komponisten Alain Goraguer am Klavier gelang es Vian, den Interpreten besonders witzige, flotte und bissige Nuancen abzuverlangen. Am überzeugendsten klappte das mit Magali Noël.

Ende 1956 hatte Jacques Canetti die Idee, die gerade zu großem Filmruhm gelangende Brigitte Bardot auch als Schlagerstar heraus-

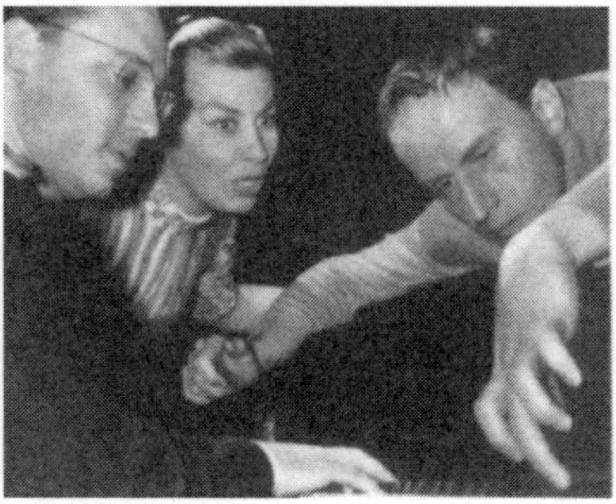

Boris Vian bei der Arbeit
mit Alain Goraguer und Magali Noël

zubringen. Er vertraute sie Boris Vian an, der sofort für sie Texte schrieb und mit ihr probierte. Die endgültigen Aufnahmen scheiterten an den Filmverpflichtungen der Bardot und möglicherweise an ihrem falschen Anspruch, als ›Sängerin‹ brillieren zu wollen. Vian wollte rasch arbeiten, nicht zuviel Zeit vertrödeln. Auch Hildegard Knef wurde mit dem Titellied ihres Films ›Das Mädchen von Hamburg‹, den Yves Allégret im Sommer 1958 in Paris drehte, Boris Vian anvertraut, der noch weitere Lieder für sie schrieb und mit ihr ausarbeitete, die dann als Platten bei Fontana herauskamen. Bei der Programmgestaltung war es ihm wichtiger, für kurzweilige und flotte Unterhaltung zu sorgen, als bekannte Namen einzukaufen. Und auch an Ausgewogenheit des Programms dachte er kaum. Vian lag alles ferner als der Aufbau einer erlesenen Jazzdiskothek. Platten sollten eine Gesellschaft unterhalten können, vor allem Tanzmusik mußte her. Um passende Empfehlungen war er nie verlegen: »Zum Tanzen ist Chet Baker mehr als gut, die Artie Shaw-Aufnahmen, wenn auch unmodern, sind zum Teil brauchbar, Glenn Miller ist was Solides und Erprobtes, Barnet ist zu vier Fünftel Dreck, und Asmussen ist keinen Hasenfurz wert, mit Verlaub.«

Zum Aufgabenbereich gehörte auch die Werbung für die Platten, er schrieb in der Regel die Texte für die Kataloge, Beihefte und Plattencover. Ehe er lange mit anderen Autoren über solche Beiträge verhandelte, verfaßte er sie lieber selbst, und um nicht zu oft als Texter in Erscheinung zu treten, verwendete er Pseudonyme wie Jack K. Netty (Jacques Canetti zu Ehren), Anna Tof oder Fanaton (Anagramme von Fontana), Anna Tof de Raspail (die Adresse der Firma Fontana war boulevard Raspail) oder Eugène Minoux. Insge-

»So ist die Liebe herrlich – bumm!«

samt besaßen die von ihm verantworteten Aufnahmen und Programme erstaunliche Unterhaltungsqualität. Sie waren nie einer Mode angepaßt, liefen ihr nicht hinterher, sondern setzten ihr ironische Lichter auf und trieben mit ihr verrückt-vergnügte Spiele. Selbstverständlich fehlten wichtige Musiker und bestimmte Interpreten. Von den meisten seiner Lieblingsstücke und der ›Klassiker‹ des Jazz gab es längst Aufnahmen, und manche der von ihm favorisierten Interpreten waren bei einer anderen Plattenfirma unter Vertrag. Die Kollektion der von Vian betreuten Platten entsprach also nicht unbedingt dem Idealrepertoire, das er zusammengestellt hätte.

Mit der Zeit jedoch mißfiel ihm das allzu Geschäftsmäßige seiner Tätigkeit. Er mußte sich zunehmend mit dem Problem der Verkäuflichkeit künstlerischer Erzeugnisse herumschlagen, die immer mehr über Wert und Unwert seiner Arbeit entschied oder sie doch zumindest überschattete. Mehr als die Bedenken, die von Mitarbeitern der Firma gelegentlich wegen der mangelnden Popularität eines Musikers geäußert wurden, störten ihn die besorgten Erkundigungen nach beim Publikum gefragten Musikern, die er nicht mochte. Auch auf die Vorlieben von namhaften Fachkritikern nahm er keine Rücksicht. In der Reihe ›Jazz für alle‹ hätten Jacques Canetti und seine Mitarbeiter zum Beispiel gerne Dave Brubeck vertreten gesehen. Boris Vian antwortete kategorisch, fast in Form eines Manifests: »Je mehr Brubeck ich höre/Desto mehr finde ich, daß das ein unglaublicher Scheißdreck ist/Ich lehne es ab, mich als Verantwortlicher für dieses scheußliche Zeug zu engagieren, das keinerlei Ähnlichkeit mit Jazz hat/Noch viel weniger als Villegas/Ich erkläre, daß Sie es damit halten können, wie Sie wollen/Nur 50

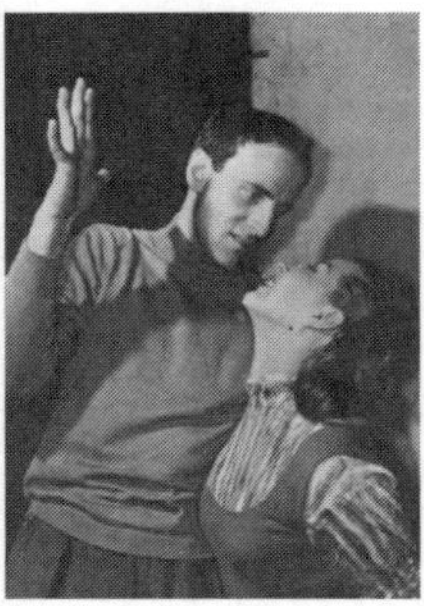

Boris Vian und Magali Noël bei der Plattenaufnahme von ›Tu mir weh, Johnny‹

Stück werden Sie davon verkaufen/Wenn's hochkommt/Und trotzdem will ich damit nichts zu tun haben/Kein Brubeck in unserer Jazzreihe/Andernfalls machen wir uns unglaubwürdig.«

Generell waren die kaufmännischen Direktoren mit der Arbeit Boris Vians zufrieden, auch fiel die geschäftliche Bilanz nicht so ungünstig aus, daß sie Anlaß gehabt hätten, seine ›Prinzipien‹ nicht zu respektieren. Er war nun einmal keiner der üblichen Programmgestalter, deren Ehrgeiz nur darin besteht, jedem Geschmack etwas zu bieten oder die verschiedensten Richtungen brav zu dokumentieren. Seine Vorlieben und Abneigungen wurden ihm zugestanden, denn nicht zuletzt hatte seine Rigorosität immer den nötigen Beiklang von Witz und Inkonsequenz. Zuletzt aber empfand er den ständigen Umgang mit Autoren, Sängern, Musikern, Technikern und Vertretern der Plattenfirma, für die er zu jeder Tages- und Nachtzeit telefonisch erreichbar sein mußte, als zu große Belastung: Anfang 1959 kündigte er seinen Vertrag. Seine Freunde vergaßen auch allzuleicht die Herzkrankheit, die er in all dem Trubel mit unermüdlichem Arbeitseifer und Humor gut zu überspielen wußte, die ihn aber dennoch wiederholt zu unfreiwilligen Erholungspausen zwang. »Ich werde keine vierzig Jahre alt«, sagte er zu Ursula Kübler, »deshalb hänge dich nicht zu sehr an mich.« Arnold Kübler schrieb in einem Aufsatz zum Gedenken an seinen Schwiegersohn: »Wie lebt eine Frau mit so einem Mann? Die Nachrufe betonen sein Brillantes, das weithin Sichtbare, vor aller Augen an den Tag Getretene. Eine Frau sieht mehr. Ursula sah seine Schüchternheit, seine Ängste, sah den Wettlauf seines Schaffensdrangs mit dem Tod. Der Erfolg verdeckt vieles; bekannt werden heißt verkannt werden. Die

Titelseite der Originalausgabe von La java des Chaussettes à clous

Schaffensnot ist vielschichtig, schön und böse auch. Da gibt es Tage oder Stunden, da alles andere nicht zählt, da es den Freund nicht gibt, nicht die Ehe, das Haus nicht und nicht den gemeinsamen Tisch; da ist die Sorge der Nächsten, da ist die liebende Nachfrage lästig, ist nichts das Bestehende, das zu Schaffende alles. ›Ich werde keine vierzig Jahre alt.‹ Da verfängt kein Trost. Bereitbleiben ist alles. Er hatte zwei Kinder aus erster Ehe, die bei der Mutter waren. Der Junge machte Schwierigkeiten. Ursula nahm ihn ins Haus. Ihre Aufgaben: Haushalt, Training, Vorstellungen, Erziehung, Gastgeberin. ›Un caractère d'un calme olympien‹, hat Boris in dem einzigen publizierten Artikel geschrieben, der sich mit ihr befaßte, kurz und bündig ist die Auskunft gewesen, die er seiner Mutter gab, die nach der Schwiegertochter und dem Eheleben fragte: ›Elle est parfaite.‹ – ›Boris ist in den letzten Monaten schweigsamer und verschlossener geworden‹, sagte Ursula vor langer Zeit zu uns. Sie verstand die Zeichen, nahm kein Engagement mehr an, blieb in seiner Nähe. Man war vor schneidenden Antworten oder Bemerkungen um ihn herum nicht sicher. Viele fürchteten seine Fragen. ›Die Menschen haben sich immer vor mir gefürchtet, ich weiß nicht warum, ich bin doch sehr freundlich.‹ Er war es im Grunde, er war auch manchem, der in Schwierigkeiten war, ein stiller Helfer, sobald er dazu sich imstande sah. Er fürchtete und verachtete die Macht der Einrichtungen, die Verbeugung vor dem Allgemeinen, die ›confusion sémantique‹, wie er es nannte, den Wortnebel, die Unklarheit des Geschwätzes, die ungeprüft übernommenen Meinungen.«

Vergeblich versuchte Boris Vian, die Filmfirma, die die Rechte an seinem Buch ›Ich werde auf eure Gräber spucken‹ erworben hat-

Ursula Kübler und Boris Vian in der Wohnung in der rue de la cité Véron te, von der Verfilmung abzuhalten, da sie und der von ihr beauftragte Regisseur seine Vorschläge zu mißachten entschlossen waren. Trotzdem wurde der Film im Frühjahr 1959 gedreht. Ein Freund überredete Vian, sich am Morgen des 23. Juni 1959 im Kino Marbeuf eine Probevorführung des fertigen Films anzusehen. Er wollte seinen Namen aus dem Vorspann entfernen lassen – mit dieser Absicht ging er zur Vorführung. Seinen Protest konnte er nicht mehr vortragen. Nach wenigen Minuten brach er in seinem Sessel zusammen. Jede Hilfe kam zu spät. Im Krankenhaus konnte nur noch sein Tod festgestellt werden.

Beerdigung von Boris Vian, Anfang Juli 1959. Hinten links: Marcel Degliame

Jacques Prévert mit seinem Hund im ›bistrot quai Saint-Bernard‹

»Eines Morgens unterm Wintersonnenlicht
In einem Park zu Paris
Zu Paris
Auf dieser Erde
Die ein Stern ist.«

Jacques Prévert, ›Der Garten‹

BORIS VIAN

1
Sein Geburtsdatum
sein Todesdatum
das war chiffrierte Sprache
Er war Musikkenner
er kannte sich in der Mechanik aus
in der Mathematik
in allen Techniken
und in allen anderen Sachen auch
Es hieß, daß er nur nach seinem Kopf handelte
man hatte gut reden
er handelte vor allem nach seinem Herzen
Und sein Herz machte allerhand Faxen mit ihm
sein Entdeckerherz
Er verstand es zu sehr zu leben
er lachte zu aufrichtig
er lebte zu heftig
sein Herz hat ihn geschlagen
Nun ist es stumm
Und er hat seine Liebste verlassen
er hat seine Freunde verlassen
aber er hat sie nicht im Stich gelassen.

»Er wurde in Ville d'Avray, draußen vor Paris, neben seinem Vater beigesetzt. Eine große, sehr große Zahl betroffener, trauernder Menschen des künstlerischen Paris wartete am Friedhofseingang. Die Sonne brannte. Ein Beamter der Bestattungsfirma, in schwarzen Handschuhen, hatte für den äußeren Ablauf zu sorgen. Ein Versehen war im Spiel, keine Sargträger zur Stelle. Man wartete lange. Zwei Friedhofsarbeiter, von einer Erdarbeit weggeholt, erschienen schließlich. Nun aber hoben Boris' Freunde den Sarg hoch und trugen ihn an seinen Platz zwischen den Gräbern. Alle Anwesenden folgten, einer nach dem andern ging in langem Zug nochmals an dem Toten vorbei. Kein Wort fiel, kein Geistlicher war zur Stelle. Ein paar Blumen. Ursula legte den roten Rosenstrauß ihm hin. Der letzte des Zuges war Georges Brassens, der Freund, Sänger, Dichter.

Am gleichen Abend ging, wenige Minuten von Boris Vians Wohnung entfernt, der Film nach seinem Roman zum ersten Mal über die Leinwand, geschäftstüchtig und

➻

2

Boris spielte mit dem Leben
wie andere an der Börse
Gendarm oder Dieb spielen
Doch nicht als Falschspieler
sondern als Herr
wie die Maus mit der Katze
im Schaum der Tage
den Lichtblicken des Glücks
wie er Trompete spielte
oder Herzausreißen
Und er war ein guter Spieler
unaufhörlich verwies er seinen Tod
auf morgen
In Abwesenheit verurteilt
wußte er nur zu gut, daß der Tod eines Tages
seine Spur wiederfinden würde
Boris spielte mit dem Leben
und er hatte eine Schwäche dafür
Er liebte es
wie er die Liebe liebte
ein echter Deserteur des Malheurs.

JACQUES PRÉVERT

schamlos angekündigt: ›Ein Film, wie ihn niemand zu machen wagte.‹ Anderntags zeichnete ich auch diese Kinofront. Aus dem Café, davor ich saß, drang vom Tonband Brassens' Stimme. Dieses las ich, den verlorenen Boris betreffend, eben jetzt: ›... l'homme et l'esprit les plus séduisants de Paris ... Boris Vian était un des ces êtres rares, qui peuvent tout se permettre. Il est déjà dans la légende.‹«

Arnold Kübler, Neue Zürcher Zeitung, 20. 9. 1959

DER PATAPHYSIKER

COLLEGIVM PATAPHYSICVM

links:
Ernennungsurkunde Boris Vians zum Satrap des Collège de Pataphysique, 11.5.1953

rechts:
Seine Magnifizenz Baron Mollet, Boris Vian und Henri Salvador

Zusammenkunft von Mitgliedern des Collège de Pataphysique, am Vortragspult der Satrap J. H. Saintmont, genannt Latis, rechts Seine Magnifizenz Dr. Sandomir

Weil die Frist seines Lebens so kurz bemessen war, hielt es Boris Vian mit der Schnelligkeit als Lebensprinzip. Es ging ihm nicht so sehr um ›Geschwindigkeit‹, sondern um ›Schnelligkeit‹, er lebte und tauchte überall auf ›comme une asperge, très vite‹, sehr schnell, wie grüner Spargel gewöhnlich aus dem Boden hervorschießt. Schnell reagieren, sich offen halten für die Anforderungen und Erlebnisse des Augenblicks, die Welt in geistiger Beweglichkeit durchmessen und erfahren, neugierig auf weiterführende Entdeckungen. Der Weg dieses Wissensabenteurers mußte unweigerlich zum Collège de Pataphysique führen, in dessen Reihen er im Juni 1952 als ›Abdecker 1. Klasse‹ aufgenommen wurde. Ende 1949 war das Collège im Geiste Doktor Faustrolls und seiner Wissenschaft von der Pataphysik zu Ehren Alfred Jarrys gegründet worden, und nachdem Henri Robillot, ein Mitarbeiter Marcel Duhamels bei der ›Série noire‹ des Hauses Gallimard, in der Zeitschrift des Collège Vians Stück ›Abdeckerei für alle‹ über allen pataphysischen Klee gelobt und als Jarryesk gewürdigt hatte, war seine Aufnahme die logische Folge. Im Kollegium der Pataphysiker, für deren ›Cahiers‹ Boris Vian künftig mehrere, einer verblüffenden Logik folgende Traktate publizierte, fand er so erlauchte ›Optimaten‹ vor wie Marcel Duchamp, Joan Miró, Raymond Queneau, Michel Leiris, Pascal

Boris Vian und Michel Leiris bei einem Essen zu Ehren Seiner Magnifizenz Baron Mollet (Mitte) am 28.5.1959

Pia, Man Ray, Max Ernst, René Clair, Jean Ferry, Eugène Ionesco, Maurice Saillet und Jacques Prévert, mit denen er seit Mai 1953 das ›Corps des Satrapes‹ bildete. Die Aktivitäten dieses der Wissenschaft imaginärer Lösungen verpflichteten Kollegiums deckten sich mit seiner Freude an schlagfertigem Witz und seinem Krieg gegen alle Festungen einengender Logik.

Boris Vian nahm an vielen Zusammenkünften der Pataphysiker teil, er hatte viel Spaß am gelehrten Witz von J.-H. Saintmont, Henri Robillot und Noël Arnaud, und der Amtsantritt des am 10. Mai 1959 neu gewählten Oberhaupts des Collège de Pataphysique war ihm ein großes Fest wert, das auf der Terrasse seiner hochgelegenen Wohnung am ›Moulin Rouge‹ knapp zwei Wochen vor seinem Tod stattfand. Einige Tage vor der Ernennungszeremonie gab er dem Rundfunkreporter Marc Bernard ein Interview über Pataphysik, an dem auch der Sänger Henri Salvador teilnahm. Bei der festlichen Akklamation Seiner Magnifizenz Baron Jean Mollet, der Jarry noch persönlich gekannt hatte und ein Freund Apollinaires war, überreichte Boris Vian einen ›Brief über die Kriegsschwindler‹, mit dem er sich gebührend für den Abdruck seines Stücks ›Der Nachmittag der Generäle‹ in den ›Dossiers‹ des Collège bedankte und in dem er gegen die »Lumpen« zu Felde zog, die es sich als Verdienst anrechnen, unversehrt aus einem Krieg »zurückgekommen« zu sein: »Das Individuum, das aus dem Krieg zurückkehrt, hat zwangsläufig mehr oder weniger die Vorstellung, daß alles gar nicht so gefährlich war. Dies trägt zum Scheitern des nächsten bei und führt dazu, daß Kriege im allgemeinen nicht mehr ernst genommen werden. Aber das ginge noch an. Beim Kämpfer, der nicht gefallen ist, stellt sich

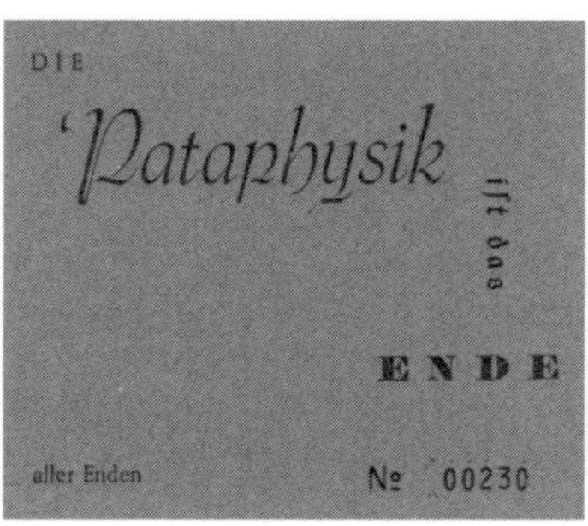

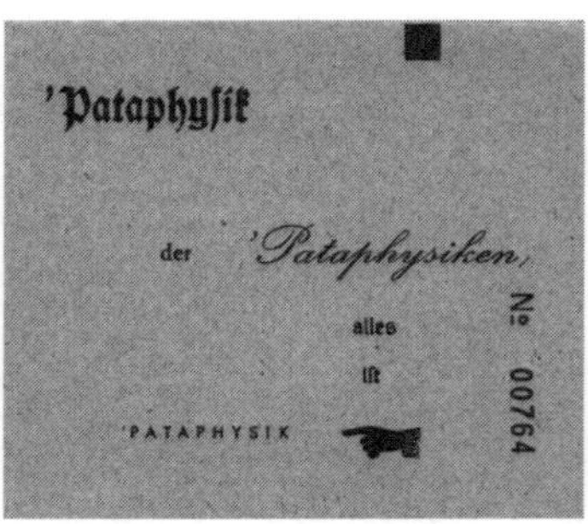

im Unterbewußtsein die Mentalität eines Versagers ein; sein Anliegen wird es sein, die Scharte auszuwetzen, diesen Mangel zu kompensieren und folglich wieder dazu beizutragen, den nächsten vorzubereiten; wie aber soll er ihn gut vorbereiten, ist er doch bei dem vorangegangenen gut davongekommen und hat sich folglich, vom Standpunkt des Krieges aus gesehen, disqualifiziert? ... Man möge mir glauben, an dem Tag, an dem niemand mehr aus dem Krieg zurückkehrt, ist er endlich richtig geführt worden. An diesem Tag wird man feststellen, daß alle bisher gescheiterten Versuche das Werk von Witzbolden gewesen sind. An diesem Tag wird man feststellen, daß ein Krieg genügt, um die Vorurteile zu beseitigen, die dieser Vernichtungsart anhaften. Von diesem Tag an wird es für immer unnötig sein, von neuem zu beginnen.«

Die Satrapen Boris Vian und Raymond Queneau, 1959

149

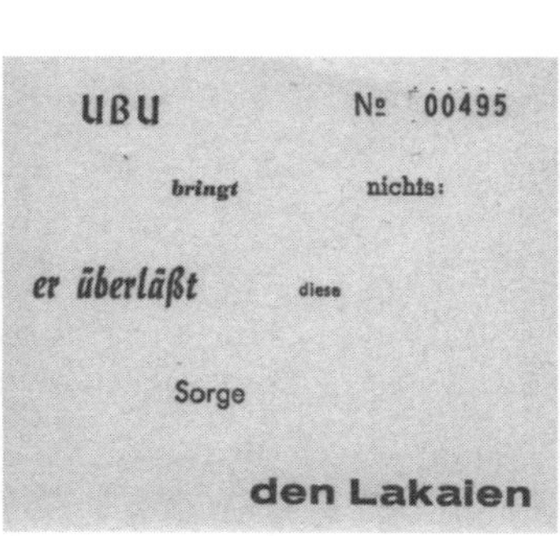

GESPRÄCH ÜBER PATAPHYSIK

Marc Bernard, Boris Vian, später Henri Salvador

BERNARD: Würden Sie bitte unseren Hörern einen Einblick in die pyramidale Konstruktion des Collège de Pataphysique gewähren?

VIAN: Das Collège de Pataphysique wird von einem unabsetzbaren Kurator geleitet, das ist Dr. Faustroll. Unter dem unabsetzbaren Kurator gibt es einen Vize-Kurator, der Anspruch auf den Titel Magnifizenz hat. Der letzte rechtmäßige Vize-Kurator ist vor einigen Jahren gestorben. Wir schreiten am 11. Juni zur Akklamation des neuen Vize-Kurators des Collège de Pataphysique. Unter jenem steht ein Corps von Aufsehern: General-Aufseher, oder auch nicht. Schließlich haben wir Satrapen, die Anspruch auf den Titel der Transzendenz haben, dann die Regenten, deren Amt in der Unterrichtung einer Anzahl von mehr oder weniger komplexen Disziplinen besteht, in denen sie sich selbstverständlich immer auszeichnen. Ich selbst bin nicht spezialisiert in der Hierarchie des Collège. Übrigens ist all dies ...

BERNARD: Eher geheimnisvoll, ich verstehe wohl.

VIAN: Es sind Geheimnisse, die man leicht anritzen kann, etwa so.

BERNARD: Seine Magnifizenz Dr. Sandomir war, glaube ich, neun Jahre älter als Alfred Jarry, mit dem er befreundet war. War es seine Vorliebe für den Schöpfer des Ubu, die Seine Magnifizenz Dr. Sandomir veranlaßt hat, und gleich ihm die ›Cahiers de Pataphysique‹, ein Denkmal zum Ruhme Alfred Jarrys zu errichten?

VIAN: Nein, nein, das alles ergab sich aus einer Reihe von Begeg-

Alfred Jarry, Zeichnung von Felix Vallotton

nungen. Der pataphysische Geist selbstverständlich existierte lange vor Jarry; er wird auch lange weiterexistieren, auch wenn die ›Cahiers‹ verschwunden sind, wenn sie verschwinden. (Übrigens sind sie bereits verschwunden, sie sind durch ›Dossiers‹ ersetzt worden.) Aber die Pataphysik als Ganzes hat eine seltsame Eigentümlichkeit, so daß sie ganz selbstverständlich die Menschen um sich schart, die von ihrem Geist durchdrungen sind.

BERNARD: Es scheint, daß die Pataphysiker, in deren Reihen Sie, Satrap Boris Vian, einer der glänzendsten Sprößlinge sind, all ihren Ernst darauf verwenden, nichts ernst zu nehmen. Aber Ihre Lehre ist so subtil und allemal so weitreichend, daß einige ihrer Aspekte uns Laien entgehen. Vielleicht könnten Sie unseren Hörern ein Lichtchen aufstecken über den Grundgedanken der Pataphysik, und niemand ist besser geeignet als Sie, dieses Lichtchen anzuzünden. Wir hören Ihnen mit der größtmöglichen Andacht zu.

VIAN: Hören Sie. Die Pataphysik ist wunderbar definiert von Alfred Jarry in ›Taten und Ansichten von Doktor Faustroll‹. Ich glaube, daß diese Sendung die gleichen Definitionen wie Jarry geben wird. Um die Dinge ein wenig einfacher zusammenzufassen, kann man sagen: *Die Pataphysik verhält sich zur Metaphysik wie die Metaphysik zur Physik.*

Eines der Grundprinzipien der Pataphysik ist übrigens das der Äquivalenz. Das erklärt Ihnen vielleicht unsere Weigerung festzulegen, was ernst und was nicht ernst ist; da es für uns genau dasselbe ist, ist es Pataphysik. Ob man es will oder nicht, immer hat man an der Pataphysik teil.

»Ob man es will oder nicht, immer hat man an der Pataphysik teil.«

BERNARD: Ja, ohne es zu wissen?

VIAN: Ohne es zu wissen. Es ist offenbar, daß je mehr die Pataphysik bewußt ist, sie auch desto mehr die unbewußte Pataphysik vertritt, weil die Tatsache, sie selbst erfahren zu wollen, ein äußerst pataphysischer Akt ist, und daß man sie ignoriert, ist vielleicht noch mehr pataphysisch, da es freiwillig geschieht ... Wenn Sie es anders resümiert oder ein anderes Prinzip genannt haben wollen, so ist es das Interesse, das die Pataphysiker den Ausnahmen entgegenbringen, mehr als dem Allgemeinfall. Sie wissen, daß Jarry die Gesetze der Physik wie ein Gefüge nicht außergewöhnlicher Ausnahmen betrachtet, und folglich ohne irgendein Interesse: einzig der außergewöhnlichen Ausnahme legt er Bedeutung bei. Übrigens, da gemäß einer anderen Formel die Pataphysik *die* Wissenschaft ist, wissen Sie, daß in der Wissenschaft es nur die Ausnahmen sind, die die erwähnte Wissenschaft weiterbringt. Ich brauche Sie nicht an die Beispiele von Fleming, Pasteur und all jener berühmten Wissenschaftler zu erinnern, damit Sie glauben, daß der größte Teil ...

BERNARD: Jede Entdeckung ergibt sich zufällig ...

VIAN: Jede Entdeckung ergibt sich nicht nur zufällig ...

BERNARD: Sie ist ein Fehltritt!

VIAN: Sie ist kein Fehltritt; es ist der Augenblick, wo der Beobachter eine Regelwidrigkeit bemerkt. Es ist jene Regelwidrigkeit, die uns die Entdeckung ... entdecken läßt, wenn man diesen Pleonasmus verwenden kann ... das ist die Geschichte der Kultur des ›penicillum notatum‹ von Fleming – der, dank Gott – und besonders dank Faustroll ...

Boris Vian mit Mitgliedern des Collège de Pataphysique bei einem Ausflug am 19.5.1955 nach Coudray, oberhalb von Corbeil, wo Jarry im Sommer in seinem ›Tripode‹ genannten Gartenhäuschen lebte.
V.l.n.r. stehend: François Caradec, Madame Barnier, Antoine Tavera, Louis Barnier, Henri Bouché, Eugène Ionesco; sitzend: François Laloux, J.-H. Saintmont, Boris Vian (mit Spiralhorn) und Roger Cornaille

BERNARD: Ja.
(Sie sprechen zusammen mit der größten Selbstverständlichkeit)
VIAN: ... ihm zu Bewußtsein gebracht hat ...
BERNARD: Es schien mir wohl, daß Faustroll eine Rolle gespielt hat bei der Entdeckung des Penicillins, aber Sie tun gut daran, mir das zu erklären. Ich hatte es noch nicht so klar eingesehen ...
(aufs neue zusammen)
VIAN: Faustroll hat selbstverständlich seine Rolle ...
BERNARD: Selbstverständlich.
VIAN: Der Vater aller Entdeckung.
BERNARD: Erlauben Sie, Boris Vian, Ihnen in der Hitze des Gefechts einige Fragen zu stellen, mit allem Respekt, der Ihrem Ehrenamt gebührt, selbstverständlich. Es gibt einige pataphysische Werke, darunter ›Der Monolog des Angestellten‹, der auf dem Rücken liegend gelesen werden soll. Warum?
VIAN: Ja natürlich, weil nie jemand an die Menschen gedacht hat, die liegend lesen, und das ist äußerst peinlich – stellen Sie sich z.B. vor, daß es friert – Sie sind gezwungen, beim Lesen beide Hände außerhalb des Bettes zu halten; ›Monolo‹ Ferrys kann liegend gelesen werden, eine Hand außerhalb, die andere unter der warmen Bettdecke, und man kann mit einer Hand abwechselnd umblättern, d. h. abwechselnd nimmt man die rechte und die linke Hand, was bedeutet, daß der Leser von ›Monolo‹ selbst bei eisiger Kälte an den Händen nicht zu frieren braucht. [...]
Ich erlaube mir, ein letztes Wort hinzuzufügen. Es ist nicht nötig, auf komplizierte Dinge zu warten, um die Pataphysik zu finden. Um Ihnen ein persönliches Beispiel zu geben, ich bin mit acht

Umschlag der vom Collège de Pataphysique herausgegebenen Erstausgabe des Schauspiels ›Die Reichsgründer‹

oder neun Jahren auf die Pataphysik gestoßen, als ich ein Stück von Robert de Flers und Caillavet las, das ›Das schöne Abenteuer‹ hieß, das ist wirklich die letzte Stelle, wo man sie erwarten kann, wenn man nicht Pataphysiker ist; aber sie enthielt insbesondere die Replik aus dem Munde von Victor Boucher, die ich Ihnen geben will, um diese Unterhaltung vorläufig zu beschließen. Ich glaube, daß sie jedermann sehr leicht und sehr schnell zur Pataphysik anregen kann. Das ist sie: »Mit Vorliebe denke ich gerne an Dinge, von denen ich denke, daß andere nicht an sie denken«.

BERNARD: Und jetzt wollen wir uns zurückziehen und Boris Vian Henri Salvador in die Pataphysik einweihen lassen.

SALVADOR: Hep! Herr!

VIAN: Wie beliebt?

SALVADOR: *(spricht undeutlich)* ... Erklärungen.

VIAN: Erklärungen zu was?

SALVADOR: *(idem)* die Wissenschaft.

VIAN: Wissenschaft von was?

SALVADOR: *(idem)* ... die Pataphysik.

VIAN: Sie wollen wissen, was Pataphysik ist?

SALVADOR: Ja.

VIAN: Und warum?

SALVADOR: Nun ja, um ... um mich zu unterrichten.

VIAN: Um sich zu unterrichten? Aber welchen Gebrauch wollen Sie von dieser Belehrung machen?

SALVADOR: Welchen Gebrauch ich davon machen will?

VIAN: Ja ...

COLLÈGE DE PATAPHYSIQUE PARIS

■

im Keller des Hauses Waitzstr. 28 Berlin-Charlottenburg

■

Wir geben uns die Ehre, Sie herzlichst zur »hommage à Boris Vian« einzuladen en la Fête d'Emmanuel Dieu, 22 Absolu 88 E.P. vulgo: 29. Sept. 1960 20.00 Uhr, anlässlich der deutschen Erstaufführung von Vians Stück „Die Reichsgründer oder das Schmürz" in der

SALVADOR: Nun ja, keinen. Absolut keinen Gebrauch ...
VIAN: Sie wollen sich ohne Grund in Pataphysik unterrichten?
SALVADOR: Ja, Sie ... Sie sagen es ...
VIAN: Aber Sie sind ja bereits Pataphysiker...
SALVADOR: *(überrascht)* Ha? Ha!
VIAN: Der Wunsch beweist es, und das Motiv auch.
SALVADOR: Aber welches Motiv?
VIAN: Nun, das *Fehlen* eines Motivs.
SALVADOR: Wie das? Das beweist, daß ich ... ich ...
VIAN: Genau, daß Sie Pataphysiker sind!
SALVADOR: Ah! Ja ... Das würde also heißen ... daß es meine Sache ist, Ihnen zu erklären, was das ist?
VIAN: Ja. Genau.
SALVADOR: Nun ja, zählen Sie nicht auf mich!
VIAN: Strengen Sie sich einmal an!
SALVADOR: Das widerspricht meinen Prinzipien.
VIAN: Schließlich sind Sie doch der Verfasser dieses Werkes. Hier!
SALVADOR: *(lesend)* Opus Pataphysicum, Testament weiland Seiner Magnifizenz Doktor Sandomir, zu seinen Lebzeiten Vize-Kurator und Gründer des Collège de Pataphysique. – Hören Sie mal! Sie sehen ja, daß dieser Kerl da gestorben ist!
VIAN: Das ist ein scheinbarer Tod.
SALVADOR: Ach, weil ... weil ... man eines scheinbaren Todes sterben kann.
VIAN: Natürlich, es gibt nichts Geläufigeres!
SALVADOR: Ha! Ha! Auf jeden Fall habe ich dieses Ding da nicht verfaßt.

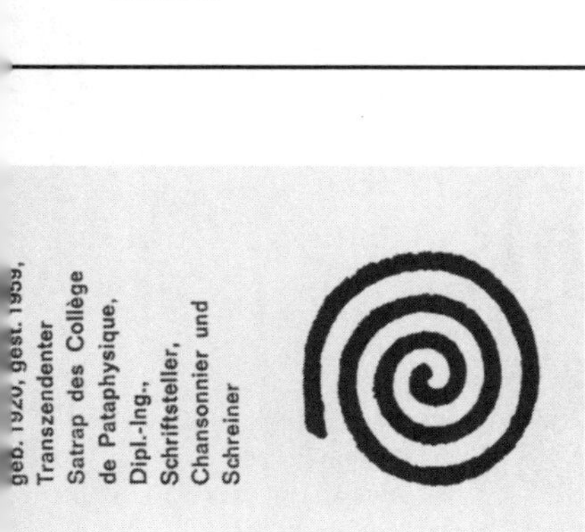

Flyer 29.9.1960

VIAN: Das ist aber schade ...

SALVADOR: Na gut, lesen wir ein Stückchen: »Tatsächlich wäre es vielleicht von Nachteil, die Pataphysik in dem gemeinen didaktischen Modus zu behandeln, abgesehen davon, daß dieser Modus selbst Gegenstand der Pataphysik ist.«

VIAN: Das ist die Vorrede von Louis Barnier.

SALVADOR: Zugegeben *(lacht)*, sie beginnt gut; mal sehen, lesen wir ein Stückchen weiter, lesen wir ... Hm ... Hm. »So trennt sich die Pataphysik, die sich ihrer nicht unbewußt ist, radikal von derjenigen, die sich ihrer selbst unbewußt ist, ohne sich jedoch im geringsten von ihr zu unterscheiden.« Oh la la la la la! oh!

VIAN: Das erscheint Ihnen unklar?

SALVADOR: Oh, nicht gerade unklar, aber es ist subtil, nicht wahr? *(lacht)*

VIAN: Subtil, Monsieur, war Alfred Jarry!

SALVADOR: Ah? Weil Alfred Jarry ...

VIAN: Genauer: Doktor Faustroll der wahre Vater der Pataphysik ist.

SALVADOR: Aber ich meinte, Jarry sei der Vater des Ubu Roi?

VIAN: Das ist das, was alle Welt glaubt, ... ich übrigens auch. Aber lesen Sie hier ...

SALVADOR: Alfred Jarry, Heldentaten und Ansichten des Doktor Faustroll, Pataphysiker. Neowissenschaftlicher Roman, gefolgt von Spekulationen, Paris, oh, oh.

VIAN: 1911, schlagen Sie Seite 21 auf!

SALVADOR: Ah, lesen wir Seite 21. Ja, hier! Hier! Buch 11, Elemente der Pataphysik, 8. Definition.

Blick auf die Dachterrasse am ›Moulin Rouge‹, wo Seine Magnifizenz Baron Mollet akklamiert wurde

(Neuling und Mystagoge lesen zusammen die herrlichen Seiten.)

VIAN: Die ›Cahiers du Collège de Pataphysique‹, die kürzlich ihr Erscheinen eingestellt haben, um den ›Dossiers acénonètes‹ Platz zu machen, erscheinen viermal jährlich. Diese Cahiers oder Dossiers des Collège de Pataphysique sind zur Zeit die einzig notwendige und genügende Lektüre in dem von Zeitungspapier gesättigten Universum. Weil die Pataphysik allem genügt [...] Zitieren wir noch einmal seine Magnifizenz Doktor Sandomir: »Der Pataphysiker, wenn er in Wahrheit überhaupt keinen Grund hat, eine Moral zu haben, hat jedoch auch keinen Grund, keine zu haben. Deshalb ist er der einzige, der, ohne den Verfall der Konformisten mitzumachen, ehrlich sein kann. Und in der Tat findet man bei den Pataphysikern die letzten Beispiele vollendeter Arbeit, gesunder und vollständiger Gelehrsamkeit, wissenschaftlich gänzlich uneigennützige Eigenschaften. Unser hervorragender Kollege weiland Doktor Einstein lebte von seiner Wissenschaft; welches Mitglied dieses Collège lebt von der Pataphysik?« Oh?

Die Pataphysik ist die natürliche Nahrung des Pataphysikers, der »gelée royale« des Mannes von der Straße.

1959

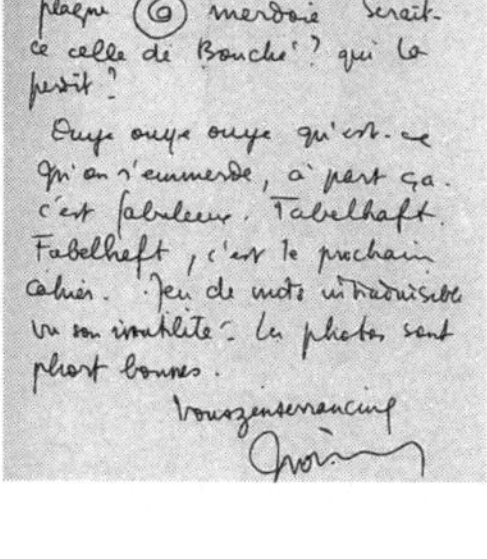
mië, et la chose me semblait gaie)
J'ai trouvé dans l'escalier une plaque ⓖ merdoie. Serait-ce celle de Bouché? qui la perdit?
Ouye ouye ouye qu'est-ce qu'on s'emmerde, à part ça. c'est fabuleux. Fabelhaft. Fabelheft, c'est le prochain cahier. Jeu de mots intraduisible vu son inutilité. Les photos sont plutôt bonnes.
Vouszenserancinq
Boris

Boris Vians letzte Botschaft an das Collège de Pataphysique

In den neununddreißig Jahren seines Lebens, von 1920 bis 1959, hat Boris Vian alles darangesetzt, mehr als nur ein Leben zu leben. Er konnte es sich nicht leisten, seine Zeit zu verschwenden, da er wußte, wie knapp sein Leben bemessen war. Wenn er fieberhaft schrieb, strapazierte er seine Lunge mit der Jazztrompete; nahm er eben noch an einem Konzert in der Salle Pleyel teil, saß er wenige Minuten später in einer Mitternachtskinovorstellung. Er verfaßte seine komisch-tieftraurigen, empfindsam-unsentimentalen Liebesromane ›Der Schaum der Tage‹, ›Der Herzausreißer‹ und ›Das rote Gras‹, daneben entstanden schlitzohrige Pornokrimis, die so gut und so decouvrierend waren, daß der Skandal, den sie machten, ihm letztlich doch mehr Ärger als Geld und Erfolg brachte. Daneben übersetzte er zahlreiche Bücher und Science-fiction-Stories aus dem Amerikanischen. Nicht zu vergessen die nahezu 500 Chansons unterschiedlichster Art (Antikriegslieder, zarte Liebeslieder, verrückte Rocksongs und Nonsens-Schlager), kulturpolitische Kommentare, Satiren, Gedichte, Szenarios, Libretti, Jazz-Berichte und Plattenkritiken.

Dieser wissenshungrige Multiphantast schonte sein Herz jedenfalls nicht. Was immer er auch anpackte, er erledigte es rasch, besessen, arbeitswütig, ungeduldig – doch nie oberflächlich. Das Tempo

Boris Vian in Saint-Tropez, 1955

unserer flüchtigen Jahre war ihm gemäß. Er war ein seltsamer Automobilnarr, doch in einer Zeit, wo das Dahinkriechen auf einer Landstraße noch eine Folge von quertreibenden Viehherden und nicht von kilometerlangen Staus war. Er stellte sich gerne vor, daß überall Jazz gespielt, mit Lust musiziert und auf der Straße Rock-and-Roll getanzt würde, freilich ahnte er nicht, daß die Zeiten gar nicht mehr fern waren, die den jungen Menschen die Ohren mit dröhnender Musik einfach vollstopften, auf daß ihnen Hören und Sehen möglichst vergehe.

Stärker denn je teilt sich heute das Unbändige, Anarchische, Überlebenswütige seines Werks mit. Sein Leben war mit diesem Werk nahezu identisch. Es ist nicht gealtert: Boris Vian ist vielmehr ein lebendiger Mythos. Je weiter die Zeit fortschreitet, desto jünger scheint er zu werden. Vian ist ein Klassiker geworden, aber ein entschieden respektloser, einer ohne Bart und nicht in Ziegenleder gebunden. Er verkörpert den Mythos von einem Menschen, der zwar kein erfülltes und schon gar kein vollendetes Leben gehabt, sich aber den Traum von einem vielgestaltigen Leben erfüllt und in seiner knapp bemessenen Zeit mehrere Leben zugleich geführt hat – als Ingenieur, Poet, Trompeter, Autofreak, Two-Beat-Fanatiker, Romanschreiber, Bühnenautor, Chansonnier, Filmschauspieler, Maler ... Und dem letztlich doch nichts wichtiger war, als sein Leben zu lieben und dem ewigen Malheur eins auszuwischen.

Boris Vian mit seiner Katze, rue cité Veron

GENAUERE ANGABEN ÜBER DAS LEBEN

für meine Skinder

Das Leben bringt verschiedene Ereignisse
In gewissem Sinn erübrigt sich darüber jede Diskussion.
Aber Sinnesänderungen gibt es immer
Weil nichts so interessant ist wie eine Diskussion.

Das Leben ist schön und großartig.
Es umfaßt einander ablösende Phasen
Mit einer Regelmäßigkeit, die ans Wunderbare grenzt
Weil auf eine Phase immer die nächste folgt
Ist das Leben sehr interessant
Es kommt, es geht ... wie die Zebras.

Es kann passieren, daß man stirbt
– Das kann sogar ganz gut passieren
Aber trotzdem, es ändert nichts:
Das Leben bringt verschiedene Ereignisse
Und hängt außerdem durch bestimmte Seiten
Mit anderen Phänomenen zusammen
Noch kaum erforschten, fast unbekannten
Auf die wir nicht eingehen werden.

9. Februar 1948
Boris Vian, ›Kantilenen in Gelee‹

»Comme un chat ronronnant je voudrais me tapir ton sein…«

(Désirs)

ANHANG

Boris Vian
Collage von Jacques Prévert

Boris Vian und der Film

Von 1940 an setzte sich Boris Vian intensiv mit dem Phänomen Film auseinander; er war ein passionierter Kinogänger und Amateurfilmer, seine unablässigen Aktivitäten als Drehbuchautor und als Darsteller betrieb er jedoch aus Gründen der Unterhaltung; technisch reizte ihn das Medium Film nicht genug. Es störte ihn, daß bei der Herstellung von Filmen zu viele Leute beteiligt waren, denen er sich anpassen oder die er sich gefügig machen sollte. Seine Szenarien, Entwürfe oder Filmfabeln wie ›Der Kommissar und die Grüne Pantherin‹, ›Sprengt die Bank!‹ oder ›Die Geständnisse des schlimmen Herrn X ...‹ lassen eine Vorstellung von Spielfilm ahnen, wie sie heute etwa von Filmemachern wie Rosa v. Praunheim, Herbert Achternbusch und Matthias Zschokke praktiziert wird. Der Regisseur Pierre Kast – der Vian als Schauspieler engagierte, weil er dessen Aura von ›phantastischer Fremdheit‹ schätzte – berichtet, daß Vian seine Rollen sehr gern spielte, aber darauf bestand, daß das Drehen sehr schnell abgewickelt werden mußte. Es hätte ihn sonst gelangweilt.

Aus dem Film ›Saint-Germain-des-Prés‹: Boris Vian, Anne-Marie Cazalis, der ›Major‹ und Colette Lacroix

FILMOGRAPHIE

1946

Madame et son flirt/Madame und ihr Flirt

Spielfilm von Jean de Marguenat. Drehbuch: Jean de Marguenat und Michel Duran nach dem Roman ›Cousine Léa‹ von Henry Falk. Musik: Louis Gasté. Mit Andrex, Gisèle Pascal, Denise Grey, Robert Dhéry, Josette Daydé und den Musikern Boris Vian, Alain Vian, Paul Vernon, Georges d'Halluin, Claude Léon. Prod. / Verleih: Films Lutetia. Spieldauer: 104 Min. UA 3.4.1946, Paris. Eine musikalische Filmkomödie. Madame erlaubt sich einen Flirt, um ihren Gatten eifersüchtig zu machen.

1946/50

Saint-Germain-des-Prés

16mm-Film. Regie: Jean Suyeux und Freddie Baume. Mit Alexandre Astruc, Juliette Gréco, Roger Vadim, Jacques Loustalot, Raymond Queneau, Claude Luter, Dizzie Gillespie, Boris Vian u. v. a. Ein Dokumentarfilm über den Stadtteil Saint-Germain-des-Prés, gedreht im ›Tabou‹, im ›Lorientais‹, im ›Vieux Colombier‹, im ›Flore‹ und im Verlagshaus Gallimard. Der Film wurde beschlagnahmt.

1946

La chasse aux prétres/Die Jagd auf Priester

16mm-Film von Jean Suyeux. Mit Jacques Loustalot als Priester, Boris Vian und Eugène Moineau als Jäger. Der kleine, leider verschollene Streifen wurde auf der Straße vom Quai de l'Hôtel-de-Ville zur Metro Saint-Paul gedreht.

1947

Bouliran achète une piscine /Bouliran kauft ein Schwimmbecken

16mm-Film von Jean Suyeux. Mit Boris Vian als Gangster-Terrorist (der mit Messern auf Papp-Polizisten wirft) und Eugène Moineau. Eine Produktion des Erziehungsministeriums. 60 von 400 m gedrehten Materials haben sich erhalten.

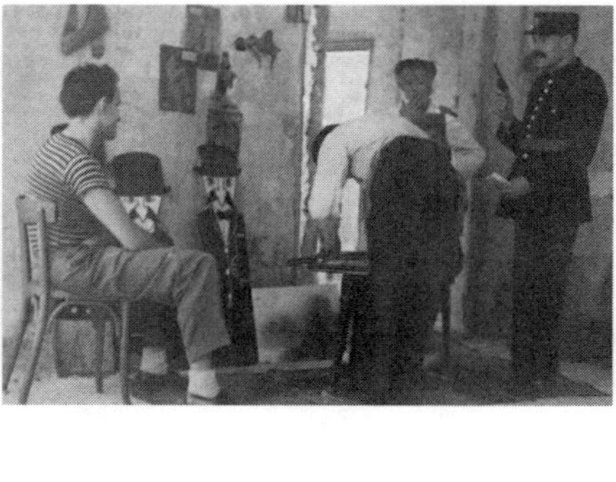

Boris Vian in ›Bouliran achète une piscine‹

1947

Un film d'amateur/Ein Amateurfilm

8mm-Film von Jean Suyeux über vampirische Themen. Mit Boris Vian als Vampirpriester, Jacques Loustalot und Jean Boullet. Verschollen.

Une séquence tournée/Eine gedrehte Sequenz

16mm-Film von Jean Suyeux und Freddie Baume zur Surrealisten-Ausstellung in der Galerie Maeght. Mit Boris Vian und Raymond Queneau. Verschollen.

1948

Ulysse ou les mauvaises rencontres/Ulysses oder Die schlimmen Begegnungen

16mm-Film von Alexandre Astruc. Kostüme von Jean Cocteau. Mit Boris Vian als einer der Lotophagen, Marc Doelnitz als Ulysses, Juliette Gréco als Circe, Christian Bérard als Neptun. Der leider auch verschollene Film wurde im ›Vieux Colombier‹ gedreht.

1951

Désordre/Lotterleben

Kurzfilm von Jacques Baratier. Kommentar von Paul Guth, gesprochen von Jacques Baratier. Musik: Claude Luter und Alain Vian. Chansons von Jacques Prévert und Raymond Queneau. Mit Boris Vian, Annabel, Juliette Gréco, Jacques Audiberti, Orson Welles, Jean Cocteau u.a. Produktion: Jacques Baratier. Spieldauer: 18 Minuten. Ein satirischer Film über das Leben in Saint-Germain-des-Prés.

1952

La chasse à l'homme/Die Jagd auf den Mann

Regie und Drehbuch: Pierre Kast. Kommentarsprecherin: France Roche. Musik: Georges Van Parys. Mit Marthe Mercadier, Geneviève Page, Gérard Néry, Gérard Landry und Boris Vian als Intellektueller. Spieldauer: 18 Minuten. Ein kleines Handbuch der Verführung.

1952

Saint-Tropez, devoir de vacances/Saint-Tropez, ein Ferien-»Muß«

Regie und Drehbuch: Paul Paviot. Kommentar von Boris Vian, gesprochen von Daniel Gélin. Musik: André Hodeir, stark an Duke Ellington angelehnt, gespielt von Babby Jaspar (Tenorsaxophon), Robert Guisnath (Altsaxophon und Klarinette), Christian Bellest (Trompete), William Boucaya (Baritonsaxophon), Net Peck (Posaune), Raymond Le Sénéchal (Vibraphon), Bernie Whistle (Klavier), Pierre Michelot (Bass), Pierre Lemarchand (Schlagzeug). Montage: Alain Resnais. Mit Michel Piccoli und Eléonore Hirt in den Hauptrollen, Boris Vian und Ursula Kübler (im Brazier von 1911), Juliette Gréco, Pierre Brasseur, Odette Joyeux, Raymond Roulleau, Brigitte Aubert u.a. Produktion: Pavox Films. Spieldauer: 30 Minuten. Dokumentar-Spielfilm. An der Côte d'Azur versuchen zwei junge Schauspieler berühmte Leute zu treffen, um Beziehungen anzuknüpfen.

1956

Notre Dame de Paris

Regie: Jean Delannoy. Drehbuch: Jean Aurenche und Jacques Prévert, nach dem Roman von Victor Hugo. Musik: Georges Auric. Mit Gina Lollobrigida, Anthony Quinn, Jean Danet, Alain Cuny, Philippe Clay, Boris Vian als Kardinal u.v.a. Verleih: Cocinor. Spieldauer: 100 Minuten. Spielfilm in Eastmancolor. Die tragische Geschichte von der schönen Esmeralda und dem häßlichen Monstrum Quasimodo.

1957

Chères vieilles choses/Teurer alter Krempel

Regie: Raymond Vogel. Kommentar von Michel Arras (= Boris Vian), gesprochen von Jacques Mauclair. Musik: Georges Delerue. Produktion: Les Films d'Aujourd'hui (Marcel Degliame). Spieldauer: 20 Minuten. Kurzfilm über teure und seltsame Objekte des Sammlerwahns. Hatte ursprünglich den Titel ›Morts en vitrine‹.

Boris Vian in seinem Brazier.
Sequenz aus dem Film
›Saint-Tropez, devoir de vacances‹

1957

La joconde/Mona Lisa

Regie: Henri Gruel. Drehbuch: Jean Suyeux. Kommentar von Boris Vian, gesprochen von Pascal Mazzotti. Musik: Paul Braffort. Mit Edmond Tamiz und Boris Vian (als Professor des Lächelns). Produktion/Verleih: Argos Films. Spieldauer: 20 Minuten. Kurzfilm in Eastmancolor, der eine humoristische Entmystifizierung der Mona Lisa unternimmt. Wurde mit dem Grand Prix International du Court-Métrage au Festival de Tours 1957 und der Palme d'Or au Festival de Cannes 1958 ausgezeichnet.

Un amour de poche/DEUTSCHER TITEL

Regie: Pierre Kast. Drehbuch: France Roche, Pierre Kast, nach der Novelle von Waldemar Kaempfert (= Lester del Rey). Dialoge: France Roche. Produktionsleitung: René Thévenet, Jacques Garcia. Musik: Marc Lanjean. Mit Jean Marais (als Professor Nordmann), Geneviève Page, Agnès Laurent, France Roche, Régine Lovi, Amédée, Fred Pasquali, Joëlle Janin, Jean-Claude Brialy, Yves Barsacq, Hubert Deschamps, Jean-Pierre Melville (als Kommissar Henry), Boris Vian (als Geschäftsführer einer Büffelbadeanstalt), Alexandre Astruc, Christian-Jaque u.a. Produktion: Madeleine Films – Gaumont – Contact Organisation. Verleih: Gaumont. Spieldauer: 88 Minuten. Uraufführung: 6.11.1957, Paris. Der erste Spielfilm von Pierre Kast, eine Science-fiction-Komödie: Professor Nordmann, mit der kapriziösen Tochter des Rektors der Universität verlobt, entdeckt ein Verfahren, wie man das Leben unterbrechen kann, ohne es zu gefährden, indem er die Materie der Lebewesen verkleinert und versteinert. Alle seine Studentinnen sind mächtig in den Professor verliebt, auch Monette, die ihm hilft, die ideale Formel zur Wiederbelebung der versteinerten Wesen zu finden. Der Liebesgott sorgt schließlich dafür, daß die ewig eifersüchtige Edith zugunsten von Monette zurücktreten muß.

Jeanne Moreau und Boris Vian in ›Les liaisons dangereuses‹

1958

Le bel âge/Man kann's ja mal versuchen

Regie: Pierre Kast. Drehbuch: Pierre Kast nach der Novelle ›Ein alter Schwachkopf‹ von Alberto Moravia. Dialoge: Pierre Kast, Jacques Doniol-Valcroze. Musik: Georges Delerue, Alain Goraguer. Mit: Loleh Bellon, Jean-Claude Brialy, Françoise Brion, Anne Colette, Jacques Doniol-Valcroze, Giani Esposito, Ursula Kübler, Hubert Noël, Marcello Pagliero, Françoise Prévost, Alexandra Stewart, Boris Vian (als Boris) und Virginie Vitry. Produktionsleitung: Georges Bouvier, Marcel Degliame. Produktion: Les Films du Centaure – Films d'Aujourd'hui – Paris Overseas Films – Son et Lumière. Verleih: Columbia. Spieldauer: 100 Minuten. Uraufführung: 10.2.1960, Paris.

Der Film, gedreht im September 1958, spielt in Paris und Deauville im Frühjahr, in Saint-Tropez im Sommer und in Mégève im Winter 1958. Es handelt sich um eine Sittenkomödie, eine Art ›Marivaudage‹ für zwölf freundschaftlich einander verbundene Personen, deren Liebesabenteuer in drei Episoden erzählt werden.

La fille de Hambourg/Das Mädchen von Hamburg

Regie: Yves Allégret. Drehbuch: Maurice Aubergé, Yves Allégret, Frédéric Dard, nach einer Idee von José Bénazéraf. Dialoge: Maurice Aubergé. Titelchanson: Boris Vian. Musik: Jean Ledrut. Mit: Hildegard Knef, Daniel Gélin, Jean Lefebvre, Daniel Sorano, Frédéric O'Brady. Produktion: Films Univers. Verleih: Pathé Consortium. Spieldauer: 86 Minuten. Uraufführung: 13.8 1958, Paris. Eine sentimentale Hafenschnulze. Nach 15 Jahren kommt ein Seemann zurück nach Hamburg und findet in einem verkommenen Nachtkabarett Maria wieder. Sie verbringen eine glückliche Nacht miteinander. Am Morgen wird der Seemann von einem Zuhälter erdolcht, und Maria, die glaubt, daß der Geliebte sie auf Nimmerwiedersehen verlassen hat, vergiftet sich mit Schlaftabletten.

Boris Vian in ›Le bel âge‹

1959

Les liaisons dangereuses / Gefährliche Liebschaften

Regie: Roger Vadim. Drehbuch: Roger Vadim, Roger Vailland, Claude Brûlé, nach dem Roman von Choderlos de Laclos. Dialoge: Roger Vailland. Musik: Thelonious Monk, gespielt vom Orchester Barney Wilem und von Art Blakey's Jazz Messengers. Mit Jeanne Moreau (Juliette Valmont), Gérard Philipe (Valmont), Annette Vadim (Marianne Tourvel), Jean-Louis Trintignant (Danceny), Boris Vian (Prévan) u. a. Produktionsleitung: Leopold Schlosberg. Produktion/Verleih: Les Films Marceau. Spieldauer: 105 Minuten. Uraufführung: 9.9.1959, Paris.

Der Film, gedreht 23.2. – 30.4.1959, folgt in etwa der Handlung des Romans, spielt aber in Paris und Mégève 1959.

J'irai cracher sur vos tombes / Auf euren Hochmut werde ich spucken

Regie: Michel Gast. Drehbuch: Boris Vian, Jacques Dopagne, nach dem Roman von Boris Vian. Dialoge: Michel Gast, Louis Sapin, Luska Eliroff. Musik: Alain Goraguer. Mit Antonella Lualdi, Christian Marquand, Fernand Ledoux, Paul Guers, Daniel Cauchy, Renate Ewert, Marina Petrowna, André Versini, Jean Sorel u.v.a. Produktionsleitung: André Labrousse. Produktion: Cinéma Télévision International – SIPRO. Verleih: Lux. Spieldauer: 107 Minuten. Uraufführung: 26.6.1959, Paris.

Boris Vian zog seine Mitarbeit am Drehbuch zurück, da er die Trivialisierung seines Scripts nicht billigen konnte. Der Film wurde ohne sein Mitwirken in der Zeit vom 9.2. bis 11.4.1959 gedreht.

La fille Rosemarie / Das Mädchen Rosemarie

Regie: Rolf Thiele. Drehbuch: Erich Kuby, Rolf Thiele, nach einer Idee von Erich Kuby. Mitarbeit und Liedertexte: Rolf Ulrich, Joe Herbst. Französische Version der Liedertexte: Boris Vian. Musik: Norbert Schultze. Mit: Nadja Tiller, Peter van Eyck, Carl Raddatz, Gert Fröbe, Hanne Wieder, Joe Herbst, Werner Peters, Karin Baal,

Die Geständnisse des schlimmen Herrn X

»Herr X ... ist ein alter gutmütiger Mann, der allerdings fürchterliche Wutanfälle bekommt. Er wohnt in Paris, aber er lädt jedes Jahr etwa zehn Kinder aus seiner Straße ein, herrliche Ferien in der Sonne in seiner Villa in der Provence zu verbringen. Eines Tages, an dem er sie allein gelassen hat, entdecken diese Kinder beim Spielen das sorgfältig versteckte Foto einer sehr hübschen Frau, vor dem sie in Bewunderung versinken. Herr X ... kehrt zurück, bekommt einen tüchtigen Wutanfall, beruhigt sich und erzählt die Geschichte dieser hübschen Frau, die zudem seine Frau ist. Es ist eine herrliche und traurige Geschichte, in der jeder von beiden um Freundlichkeit, Güte und ... Pech wetteifert, zumal sie ja am Ende der Erzählung getrennt sind. Die Kinder sind aufs höchste verwundert und ganz traurig, es ist eine sehr schöne Geschichte. Herr X ... begibt sich zu Bett.

➸

Hubert von Meyerinck, Helen Vita, Mario Adorf, Horst Frank u.a. Eine Luggi-Waldleitner-Produktion der ROXY-Film im Verleih der NF. Gedreht 1958, französische Synchronfassung 1959.
Die Adaption der Lieder wurde beim Start des Films in Frankreich vom Verleih als die ›letzte Arbeit‹ von Boris Vian angekündigt.

1961

L'affaire Nina B. /Affäre Nina B.

Regie: Robert Siodmak. Drehbuch: Robert Siodmak, Roger Nimier, nach dem Roman von Johannes Mario Simmel. Chansontexte von Boris Vian. Musik: Georges Delerue. Mit: Nadja Tiller, Pierre Brasseur, Walter Giller, Charles Regnier, Hubert Deschamps, Jacques Dacqmine, Maria Meriko, André Certes u. a. Produktion: Ciné-Alliance/ Filmsonor. Spieldauer: 104 Minuten. Uraufführung: 7.6. 1961, Paris. Eine Mischung aus Polit-Thriller und Melodram im Milieu der internationalen Hochfinanz. Herr B. kommt einem alten Nazi auf die Spur. Seine Frau Nina, die ein Verhältnis mit seinem Chauffeur hat, vergiftet ihn.

1967

Le désordre à vingt ans/Lotterleben mit 20

Regie: Jacques Baratier. Mit: Boris Vian, Juliette Gréco, Jacques Audiberti, Jean Cocteau, Simone de Beauvoir, Raymond Queneau, Antonin Artaud, Claude Nougaro, Roger Vadim, Alain Vian u. a. Verleih: Argos Films. Spieldauer: 60 Minuten. Ein Film über Saint-Germain-des-Prés gestern und heute. Baratier verwendete seinen Kurzfilm von 1951.

1968

L'écume des jours /Der Schaum der Tage

Regie: Charles Belmont. Drehbuch: Pierre Pelegri, Philippe Dumarçay, Charles Belmont, nach dem Roman von Boris Vian. Musik: André Hodeir. Mit Jacques Perrin, Marie-France Pisier, Annie Buron, Samy Frey, Bernard Fresson, Alexandra Stewart. Ver-

Er schaut das Foto an und fragt sich: ›Haben die Kinder der Geschichte Glauben geschenkt? Haben Sie nicht das ganze Lügengespinst durchschaut? Haben sie denn nicht nur so getan, als ob sie der Geschichte Glauben schenkten? Haben sie denn nicht gemerkt, daß die Geschichte ganz anders war?‹ Ach, was für eine schöne, was für eine moralische Frage! Und das lang zurückliegende Abenteuer zieht noch einmal im Traum an den Augen von Herrn X ... vorbei. Es ist das krasse Gegenstück des schönen Märchens, das die Kinder zu hören bekamen. So ist das Leben. Die Wahrheit ist vielfältig für alle, nicht nur für die Kinder, die jetzt das Foto wie das Bild einer Jungfrau verehren. Und das ist die große Strafe für Herrn X ...«

Boris Vian, 1941 (Filmszenario)

leih: Rank Films. Spieldauer: 115 Minuten. Uraufführung: März 1968, Paris.

1987

Les poissons morts/Die toten Fische

Regie: Michael Synek. Kamera: Jiri Stihr. Musik: Michel Portal. Mit: Erwin Leder, Johannes Weidinger, Gerhard Swoboda, Lisa Luginbühl, Martin Schellnast, Jo Berger. Produktion: Mausebärfilm Wien. Spieldauer: 83 Minuten. Französische Erstaufführung: Mai 1989 in Cannes. Ein Film nach der Novelle ›Die toten Fische‹ von Boris Vian.

›Mimodrama‹
am Strand von Saint-Tropez, 1957

Boris Vian als Maler

Wie viele Schriftsteller fertigte Boris Vian beim Ausarbeiten von Handlungsabläufen oder Beschreibungen von Örtlichkeiten Demonstrationsskizzen, Figurinen und assoziative Zeichnungen an. Er entwarf auch verrückte, nie werkbundartige, Umschläge für seine Bücher, zog sie aber meistens wieder zurück, wenn ihm die Entwürfe befreundeter Maler, die er vorzugsweise für die Illustrierung seiner Buchprojekte heranzog, besser gefielen. Der Bruder seiner ersten Frau, Claude Léglise (von Vian ›Peter Gna‹ genannt), illustrierte seine zu Lebzeiten nie gedruckten ›Hundert Sonette‹ und steuerte unter dem Künstlernamen ›Boo‹ Karikaturen zur Buchausgabe von ›Abdeckerei für alle‹ bei. Am häufigsten lieferte Jean Boullet Illustrationen zu Werken von Boris Vian, er zeichnete die Monstren des kleinen Gedichtbands ›Barnum's Digest‹, er illustrierte die Luxusausgabe von ›Ich werde auf eure Gräber spucken‹ und schuf auch Bühnenbilder für die Theaterfassung des Romans. Seine Skizzen zu ›Abdeckerei für alle‹ wurden leider 1950 vom Verleger der Buchausgabe als zu kraß verworfen, auch für die Bühnenbilder der Aufführung wurde ein anderer Künstler genommen. Mit Vian verband ihn die Wertschätzung des ›Cinéma fantastique‹. Von den zeitgenössischen Malern, die damals in Paris lebten, schätzte Vian besonders Vieira da Silva, Félix Labisse, Roberto Matta, Christiane Alanore, Francis Picabia und Mario Prassinos. Er besaß mehrere Bilder des naiven Malers Aloïs Sauter. Nicht zuletzt hatte er eine Vorliebe für die erotischen und politischen Karikaturen von Siné.

Die wenigen erhaltenen Ölbilder von Boris Vian entstanden großenteils Anfang Juni 1946 für eine Ausstellung der Galerie de la Pléiade (im Hause Gallimard): ›Malerpoeten von Alfred de Musset bis Boris Vian‹, die am 2.12.1946 eröffnet wurde. Diese Ausstellung ging auf eine Initiative Raymond Queneaus zurück, der damals ernsthaft mit dem Gedanken spielte, umzusatteln, weil er den Eindruck hatte, daß man mit Malerei leichter Geld verdienen konnte. Er besuchte eine Kunstschule und nahm Zeichenunterricht. Boris Vian forderte er auf, es ihm gleichzutun. Die Ausstellung lief unter dem Motto: »Wenn Sie schreiben können, können Sie auch zeichnen.«

Zwei Ölbilder von Boris Vian

links:
Gehen Sie nach Cannes, diesen Sommer

rechts:
Gehen Sie nicht nach Cannes

Portrait Boris Vians von Betty Bothoul

Boris Vian als Übersetzer

Kenneth Fearing, *Le Grand Horloger.* Éditions ›Les Nourritures Terrestres‹, 1947
Raymond Chandler, *La Dame du Lac.* Gallimard 1948
Raymond Chandler, *Le Grand Sommeil.* Gallimard 1948
Peter Cheney, *Les Femmes s'en balancent.* Gallimard 1949
Dorothy Baker, *Le Jeune Homme à la Trompette.* Gallimard 1951
James M. Cain, *Le Bluffeur.* Gallimard 1951
August Strindberg, *Mademoiselle Julie.* In: Paris Théâtre, No. 66, 1952
Omar N. Bradley, *Histoire d'un Soldat.* Gallimard 1952
A. E. Van Vogt, *Le Monde de A.* Gallimard 1953
Georg Kaiser, *L'Incendie de l'Opera.* 1953
Nelson Algren, *L'Homme aux Bras d'Or.* Gallimard 1956 (Vorabdruck in ›Le Temps Modernes‹, Dez. 1954 – April 55)
A. E. Van Vogt, *Les Aventures de A.* Gallimard 1957
Corbett H. Thigpen u. Hervey M. Checkley, *Les Trois visages d'Eve.* Gallimard 1958
August Strindberg, *Erik* XIV. L'Arche 1958
Brendan Behan, *Le Client du Matin.* Gallimard 1959

›Le Dame du Lac‹ von Chandler und den Roman von Peter Cheney übersetzte Boris Vian zusammen mit seiner Frau Michelle. Bei ›Erik XIV‹ von Strindberg war Carl-Gustaf Bjuström Mitübersetzer, Behans Stück übersetzte Vian zusammen mit Jacqueline Sundström. – Außerdem übersetzte Boris Vian für Zeitschriften viele Texte über Jazz, Science-fiction, usw. aus dem Amerikanischen sowie zahlreiche Kurzgeschichten von Autoren wie Richard Wright, Ray Bradbury, Robert Wilder, Wallace West, William Tenn, Murray Leinster, Frank M. Robinson, Lewis Padgett, B.-L. Jacot und William Holder. Für Kinderbuch-Schallplatten übersetzte er jeweils 15 Märchen der Gebrüder Grimm und von H.-Ch. Andersen. Hinzu kommen die vielen Adaptionen von Schlagern, Liedern oder Songs (z. B. von Brecht) für Platten und Filme.

Boris Vian hinter dem Portrait ›Boris und Michelle Vian‹ von Jean Boullet

Werke Boris Vians (Verzeichnis der Erstausgaben)

J'irai cracher sur vos tombes. Roman. Paris, 1946
Vercoquin et le plancton. Roman. Paris, 1946
L'Écume des jours. Roman. Paris, 1947
L'Automne à Pékin. Roman. Paris, 1947
Les Morts ont tous la méme peau. Roman. Suivi de
Les Chiens, le désir et la mort. Paris, 1947
Barnum's Digest. Poèmes. Paris, 1948
Et on tuera tous les affreux. Roman. Paris, 1948
Les Fourmis. Nouvelles. Paris, 1949
Cantilènes en gelée. Poèmes. Limoges, 1949
L'Équarrissage pour tous. Pièce. Suivi de
Le dernier des métiers. Paris, 1950
L'Herbe rouge. Roman. Paris, 1950
Elles se rendent pas compte. Roman. Paris, 1950
L'Arrache-Cœur. Roman. Paris, 1953
Fiesta. Opéra en un acte. Livret de Boris Vian. Musique de Darius Milhaud. Paris, 1958
En avant la Zizique. Esquisse d'une classification des chansons. Paris, 1958
Les Bâtisseurs d'Empire. Pièce. Paris, 1959
Zoneilles (avec Michel Arnaud et Raymond Queneau). Paris, 1961
Le Goûter des généraux. Pièce. Paris, 1962
Je voudrais pas crever. Poèmes. Paris, 1962
Textes et Chansons. Paris, 1966
Trouble dans les Andains. Roman. Paris, 1966
Chroniques de Jazz. Paris, 1967
Le Loup-garou. Suivi de douze autres novelles. Paris, 1970
Théâtre inèdit: Tête de méduse, Série blême, Le Chasseur français. Paris, 1971
Manuel de Saint-Germain-des Prés. Paris, 1974

»Ich leugne nicht, daß man talentiert sein kann; aber ohne Arbeit, ohne intelligente und gezielte Aneignung der Technik seines Berufs gibt es kein Genie – denn gerade darin besteht es größtenteils, glaube ich ...

Le Chevalier de neige. Paris, 1974
Le Dossier de l'affaire »J'irai cracher sur vos tombes«. Paris, 1974
Chroniques du Menteur. Paris, 1974
Derrière la Zizique. Paris, 1976
Petits Spectacles. Paris, 1977
Cinéma. Science-Fiction. Paris, 1978
Traité de civisme. Paris, 1979
Écrits Pornographiques. Paris, 1980
Le Ratichon baigneur et autres nouvelles inédites. Paris, 1981
Autres Érits sur le Jazz. Tome I. Jazz-Hot/Combat. Paris, 1981
Autres Écrits sur le Jazz. Tome II. Paris, 1982
Opéras. Paris, 1982
La Belle Époque (Varietés). Paris, 1982
Cents Sonnets. Paris, 1984
Chansons. Paris, 1984
Rue des ravissantes et dix huit autres scénarios cinematographiques. Paris, 1989
Oeuvres Complètes. Édition publiée sous l'autorité d'Ursula Vian Kübler. Sous la direction de Marc Lapprand et Gilbert Pestureau. Librairie Arthème Fayard. 15 Bände 1999–2003

Ich spreche nur von Arbeit. Das ist gewiß langweilig, aber sie ist das ein und alles. Das Gehirn ist das einzige Organ, das sich bis zum Tod entwickeln kann. Nutzen wir das aus, Freunde.«

Boris Vian, 1953

Zeittafel

1920 10. März: Boris Vian geboren in Ville d'Avray, 41, rue de Versailles, Sohn von Paul Vian (geb. 4.3.1897) und von Yvonne Ravenez (geb. 5.4.1889).

1928–32 Boris Vian besucht das Gymnasium in Sèvres.

1932–33 Boris Vian besucht das Lycée Hoche in Versailles.

1934–37 Boris Vian besucht das Lycée Condorcet in Paris. 1935 erwirbt er das Bakkalaureat in Latein und Griechisch. – Im Winter 35/36 schwere Diphtherie und typhusartige Fiebererkrankung, die zu einer Herzmuskellähmung führt. – 1937 erwirbt er das Bakkalaureat in Philosophie und Mathematik. – Er wird Mitglied des Hot Club de France.

1938 Vorbereitung auf das Ingenieurstudium. Mit seinen Brüdern und einigen Freunden, zu denen der spätere Minister François Misoffe gehört, gründet Boris Vian ein Amateurjazzorchester.

1939 Besteht die Aufnahmeprüfung für die École Centrale des Arts et Manufactures. – Verlobung mit Monette D. – Im August erst mit seinem Schulfreund Zizi Spinard in Saint-Jean-de-Monts in der Vendée, dann zu den Eltern in die Ferien nach Landemer in der Normandie. – Nach dem Einmarsch der Nazis in Polen erklärt Frankreich am 3. 9. Deutschland den Krieg. – Im November Beginn des Studiums in Angoulême, wohin die Hochschule wegen der Kriegsereignisse verlegt wurde.

1940 Im Juni Kapitulation Frankreichs. Selbstauflösung des Parlaments, Marschall Pétain wird Staatschef des nicht besetzten Teils von Frankreich. Sitz der Regierung in Vichy. – Nach Semesterschluß fährt Boris Vian mit dem Fahrrad nach Bordeaux und stößt dort zur Familie seiner Eltern, die Paris kurz vor der Besetzung verlassen haben. Im Juli in Capbreton an der Atlantikküste. Dort erstes Zusammentreffen mit Michelle Léglise und Jacques Loustalot (der

links:
Boris Vian
in Landemer,
1929

rechts:
Boris Vian
mit Freunden
in Saint-Cloud,
1938

Major). – Im August Rückkehr in das besetzte Paris beziehungsweise nach Ville d'Avray. Fortsetzung des Studiums, die Hochschule ist ebenfalls nach Paris zurückverlegt.

1941 3. Juli: Hochzeit mit Michelle Léglise. – Boris Vian schreibt eine erste Serie seiner *Hundert Sonette.* – Auf der Hochschule verfaßt er u. a. mit drei Kommilitonen die Arbeit *Physikochemie metallurgischer Produkte.*

1942 Im März lernt Boris Vian Claude Abadie kennen und tritt mit seinen Brüder in dessen Amateurorchester ein. – 12. April: Geburt seines Sohns Patrick. – 26. Juni: Boris Vian besteht sein Ingenieurexamen. 24. August: Anstellung als Ingenieur der Association Française de Normalisation (AFNOR). – Entwirft Filmszenarien und beginnt Ende des Jahres mit der Niederschrift des Romans *Aufruhr in den Ardennen.*

1943 Am 3.1. nimmt das Orchester Abadie erstmals an einem Amateurjazzorchesterturnier teil. – Boris Vian schreibt für seine Frau Michelle, die sich einer Schilddrüsenoperation unterziehen mußte, das *Feenmärchen für einfache Menschen.*

1944 Im Januar lernt Boris Vian den Jazzmusiker Claude Luter kennen. – Im Märzheft der Zeitschrift ›Jazz Hot‹ erscheint unter dem Pseudonym Bison Ravi der erste Text von Vian im Druck: *Référendum en forme de ballade.* – Niederschrift der ersten Fassung des Romans *Drehwurm, Swing und das Plankton.* – 6. Juni: Landung der Alliierten in der Normandie. – Mitte August verlassen die deutschen Besatzungstruppen Paris. Nach der Befreiung erfolgt die Ausrufung der Vierten Republik. Vorläufiger Präsident und Chef der Regierungen, die bis zum 20.1.1946 amtieren, wird Charles de Gaulle. – Seit dem Einzug der amerikanischen Truppen in Paris hat das Orchester Abadie Hochkonjunktur. Dem Orchester gehört jetzt auch Claude Léon an, mit dem sich Boris Vian ausgezeichnet versteht. – 22. November: Paul Vian wird in seinem Haus in Ville d'Avray ermordet.

Boris und Michelle Vian, *1942*

... mit ihrem Sohn Patrick, *1946*

1945 Zahlreiche Jazzorchesteraktivitäten. – Im Frühjahr mehrere Beiträge für die Zeitschrift ›Les Amis des Arts‹ (Pseudonym Hugo Hachebuisson). – Das Orchester Abadie wirkt in dem Film ›Madame et son Flirt‹ mit, über die Dreharbeiten schreibt Boris Vian die Novelle *Der Statist* – Im August Urlaub in Saint-Jean-de-Luz. – 17. November: Das Orchester Abadie nimmt an einem internationalen Jazzamateurorchesterturnier in Brüssel teil. Über Weihnachten und Neujahr ist Boris Vian ein weiteres Mal mit dem Orchester in Brüssel. – Im August und Oktober finden die Hochverratsprozesse gegen Pétain und Laval statt. Beide werden zum Tode verurteilt. Pétain wird von de Gaulle begnadigt, das Urteil in lebenslängliche Verbannung auf eine kleine südfranzösische Insel umgewandelt.

1946 15. Februar: Boris Vian gibt die Stellung bei AFNOR auf und wird Ingenieur im Office Professionnel des Industries et Commerces du Papier et du Carton. – Schreibt mehrere Novellen und von März bis Mai den Roman *Der Schaum der Tage.* – Beginn der regelmäßigen Mitarbeit bei der Zeitschrift ›Jazz Hot‹. – Juni: Erster Beitrag für die Kolumnenserie *Chronique du Menteur* in Sartres Zeitschrift ›Les Temps Modernes‹. – Boris Vian ist Kandidat für den Prix de la Pléiade, in der Endabstimmung unterliegt er gegen Jean Grosjean. – 5. bis 20. August: Urlaub in Saint-Jean-de-Monts, wo er *Ich werde auf eure Gräber spucken* schreibt. Der Roman erscheint als erstes Buch von Boris Vian (unter dem Pseudonym Vernon Sullivan) im November. – Sept. bis Nov.: Niederschrift des Romans *Herbst in Peking* – 5. Oktober: Eröffnung des ›Lorientais‹ in der rue des Carmes, wo Claude Luter spielt. – Beiträge von Vian erscheinen in den Zeitschriften ›La Rue‹, ›L'Age nouveau‹, ›Hot Revue‹ und im ›Combat‹. – Dezember: Beginn des militärischen Engagements von Frankreich in Indochina, Krieg gegen Vietnam.

1947 Am 16.1. wird Vincent Auriol zum Staatspräsidenten (bis 1954) gewählt. Im April gründet de Gaulle eine rechtsorientierte ›Samm-

Boris Vian mit Maurice Merleau-Ponty (rechts), 1949

lungsbewegung‹ (RPF). Im Mai erfolgt der Ausschluß der Kommunisten aus dem Kabinett Ramadier. Kurze Zeit später schließt sich Frankreich dem Marshallplan an. – Im Januar erscheint der Roman *Drehwurm, Swing und das Plankton*, im April *Der Schaum der Tage*. – Im Februar erste Klage gegen das Buch *Ich werde auf eure Gräber spucken*. Kurzer Wintersporturlaub in Megève und Chamonix. Niederschrift des zweiten Sullivan-Romans *Tote haben alle dieselbe Haut*. – 11. April: Eröffnung des ›Tabou‹. Mitte April beendet Boris Vian die Niederschrift des Theaterstücks *Abdeckerei für alle*. – 21. Mai: Boris Vian besteht die Führerscheinprüfung. – Ende Mai: Reise nach London. – Juni: Boris Vian wird ›Trompeter des Tabou‹. Mit Michel Arnaud und Raymond Queneau schreibt er das Filmszenario *Zoneilles*. Weitere Szenarien und Sketchs für die ›Tabou‹-Auftritte von Juliette Gréco, Anne-Marie Cazalis, Gabriel Pomerand, Jacques Loustalot u. a. – Am 26.6. gibt Vian seine Stellung als Ingenieur auf. – Der Roman *Herbst in Peking* erscheint und die Übersetzung des Romans ›Le Grand Horloger‹ von Kenneth Fearing. – 21. Oktober: Radiosendung *Carte Blanche à Boris Vian*. – Im Dezember Beginn der *Chroniques de Jazz* für den ›Combat‹.

1948 7. Januar: Tod des ›Majors‹. – Boris Vian schreibt einen weiteren Sullivan-Roman *Wir werden alle Fiesen killen*. – 16. April: Geburt der Tochter Carole. – 22. April: Premiere der Bühnenfassung von *Ich werde auf eure Gräber spucken* im Théâtre Verlaine. – 11. Juni: Eröffnung des Clubs ›Saint-Germain-des-Prés‹, dessen Programm Boris Vian gestaltet. – 14. Juni: Vortrag: *Über die Nützlichkeit einer erotischen Literatur* im Club Saint-James. – Im August: Erneute Klage gegen *Ich werde auf eure Gräber spucken*. Autofahrt nach Deutschland, u. a. nach Frankfurt, wo Boris Vian mit der Niederschrift von *Das rote Gras* beginnt. – Die Übersetzungen der Romane von Chandler und von Dorothy Bakers ›Le jeune Homme à la trompette‹ entstehen. – Veröffentlichung der Gedichte *Barnum's*

Boris Vian
in Saint-Tropez, 1949

Digest mit Zeichnungen von Jean Boullet. – Im Oktober schreibt Boris Vian mit Marc Doelnitz eine Revue *Christoph Kolumbus oder Ein Amerikaner in Paris.* – Im November gesteht Boris Vian offiziell ein, daß er der Autor von *Ich werde auf eure Gräber spucken* ist.

1949 Ab März: Redakteur und Autor der Zeitschrift ›Jazz News‹. – Am 4. April erfolgt der Beitritt Frankreichs zur NATO. – Mai: Die Gedichtsammlung *Kantilenen in Gelee* erscheint. – Juli: Die Novellensammlung *Die Ameisen* erscheint. – Am 3. Juli wird mit einer ministeriellen Verfügung *Ich werde auf eure Gräber spucken* verboten. – 4. bis 11. September: Boris Vian ist Jurymitglied des Internationalen Amateurfilmfestivals in Cannes. – Viele Novellen und die Übersetzung von Peter Cheneys ›Les femmes s'enbalancent‹ entstehen, Boris Vian schreibt sein erstes erfolgreiches Chanson *C'est le be-bop*, das von Henri Salvador gesungen wird.

1950 Viele Streiks in Frankreich, Währungsverfall. Die Regierung Bidault unterstützt das amerikanische Vorgehen in Korea. – 11. April: Premiere von *Abdeckerei für alle* im Théâtre des Noctambules. – Im Mai kauft Boris Vian einen alten Brazier, Jahrgang 1911. – 8. Juni: Erstes Zusammentreffen mit Ursula Kübler bei einem Cocktail des Verlags Gallimard. – Die Buchausgaben von *Das rote Gras, Abdeckerei für alle und Sie kapieren nicht* erscheinen. Der im Frühjahr zusammengestellte *Führer durch Saint-Germain-des-Prés* erscheint nicht. Weitere Novellen, Sketchs, Ballettentwürfe, Szenarios und die musikalische Komödie *Giuliano.*

1951 Im April billigt die Regierung Frankreichs den Vertrag über die sogenannte Montan-Union (Schuman-Plan), der die Verschärfung des strategischen Konzepts der NATO vorsieht. – Boris Vian zieht mit Ursula Kübler in eine kleine Wohnung am boulevard de Clichy. – Am 15. Januar beendet Boris Vian die Niederschrift des Romans *Der Herzausreißer*, dessen Publikation der Verlag Gallimard ablehnt. – Die Übersetzungen von General Bradleys Memoi-

Ursula Kübler und Boris Vian in l'Alpes d'Huez, Januar 1952

ren und eines Romans von James M. Cain entstehen sowie die beiden Stücke *Der Nachmittag der Generäle* und *Das Medusenhaupt.* Beginn der Arbeit an der Fragment gebliebenen *Abhandlung über Bürgertugenden.* – Im Dezember Reise in die Schweiz.

1952 Die Regierung Pinay unterzeichnet im Mai das Abkommen zur Gründung der Europäischen Verteidigungsgemeinschaft (EVG), die Ratifizierung findet aber 1954 bei der Volksabstimmung keine Mehrheit. – Im Januar macht Boris Vian die Bekanntschaft von Marcel Degliame. – Im Februar erscheint Vians erster Beitrag in der Zeitschrift ›Constellation‹. – Im April wird im ›Rose Rouge‹ Vians Sketch *Cinémassacre* aufgeführt. – 8. Juni: Boris Vian wird Mitglied des Collège de Pataphysique. – Er übersetzt *Fräulein Julie* von Strindberg (Aufführung im September). Viele Filmszenarien, Glossen und weiterhin regelmäßig Jazzkritiken. – Im September Scheidung von Michelle Léglise. – Im Oktober wird der Sketch *Paris varie oder Fluctuat nec mergitur* von der Compagnie Georges Vitaly aufgeführt.

1953 Boris Vian und Ursula Kübler beziehen die Wohnung in der Cité Véron in einem an das ›Moulin Rouge‹ angrenzenden Haus. – Der Roman *Der Herzausreißer* erscheint im Verlag Pro Francia-Vrille. Bei Gallimard erscheint die Übersetzung des Romans ›Le Monde des A.‹ von A. E. Van Vogt. – Das Manuskript der Gedichtsammlung *Ich möchte nicht krepieren* abgeschlossen, die erst posthum erscheint. – Übersetzung von Georg Kaisers Drama ›Der Brand im Opernhaus‹. – Am 11. Mai wird Boris Vian zum Satrap des Collège de Pataphysique ernannt. – Im August wird das Schauspiel *Der schneeweiße Ritter* im Arenatheater von Caen aufgeführt. – 27. Oktober: Letzter Urteilsspruch in der Sache *Ich werde auf eure Gräber spucken.* – Viele Beiträge über Science-fiction, die großenteils in kleineren Zeitschriften erscheinen, mehrere Filmentwürfe, die alle nicht realisiert werden. – Am 23.12. wird René Coty zum Staatspräsidenten von Frankreich gewählt.

Boris Vian und Jimmy Walter, 1957

1954 Die militärischen Siege der vietnamesischen Befreiungsbewegung, die Niederlage und Kapitulation der französischen Truppen bei Dien Bien Phu am 7.5. und die wachsende Opposition in Frankreich veranlassen die Regierung Mendes-France, den Krieg in Indochina zu beenden. Auf der Genfer Konferenz wird der Abzug der Truppen und das Ende der französischen Kolonialherrschaft in Indochina besiegelt. – Im November beginnt in Algerien der bewaffnete Kampf von Mitgliedern der Unabhängigkeitsbewegung gegen die französische Kolonialherrschaft. – Die französische Nationalversammlung verabschiedet am 30.12. die sogenannten ›Pariser Verträge‹, die die Wiederaufrüstung der Bundesrepublik und deren Eingliederung in die NATO vorsehen. – 8. Februar: Boris Vian heiratet Ursula Kübler. – Viele Lieder und Chansons entstehen, Ende April schreibt Boris Vian *Der Politische* und *Der Deserteur* – Im Juni schließt Boris Vian einen Vertrag über eine Filmversion von *Ich werde auf eure Gräber spucken* mit der Firma Pathé ab. – Das Stück *Série Bleme* entsteht. – Beendet die Übersetzung von Nelson Algrens Roman *Der Mann mit dem goldenen Arm*, der ab Dezember als Vorabdruck in Sartres Zeitschrift ›Les Temps Modernes‹ erscheint.

1955 Als Folge der Zustimmung Frankreichs zur Eingliederung der Bundesrepublik in die NATO kündigt die Sowjetunion am 7.5. den franz.-sowjetischen Bündnisvertrag von 1944. – Vom 4.1. an bis zum 22.7. und dann wieder vom 20.9. bis 29.3.1956 tritt Boris Vian als Chansonnier in Jacques Canettis Kabarett ›Les Trois Baudets‹ auf. – 18. März: Premiere von Boris Vians Science-fiction-Revue *Dernière Heure* im ›Rose Rouge‹, mit der Musik von Jimmy Walter. – *Le Chasseur français* und weitere musikalische Komödien sowie Ballettszenarien entstehen. – Im April erfolgt eine Platteneinspielung mehrerer Chansons von und mit Boris Vian. Die Platte erhält den Titel *Chansons possibles et impossibles.* – Im August ist das von

Programmbesprechung bei der Firma Fontana

v.l.n.r.: Yves Deneu (Adjunkt von Boris Vian), Boris Vian, der kaufmännische Direktor, Louis Hazan, und Generaldirektor Michel Maurice Bokanowski

Canetti produzierte Varieté-Programm *Die Aufzeichnungen des Major Thompson* auf Tournee in Frankreich und Belgien, zum Programm gehört der Auftritt von Boris Vian mit seinen Liedern. In mehreren Städten kommt es zu Zwischenfällen beim Vortrag des *Deserteurs*. – Ab Oktober arbeitet Boris Vian für die Firma Philips, er stellt Jazzplattenprogramme zusammen. – 5. November: Premiere des Sketchs *Ca c'est un monde* im ›L'Amiral‹, inszeniert von Georges Vitaly.

1956 Das französische Kolonialreich in Nordafrika zerbröckelt zunehmend, im März erfolgen die Unabhängigkeitserklärungen von Tunesien und Marokko. – Die Parlamentswahlen in Frankreich ergeben eine wachsende Polarisierung der Linksparteien und der profaschistischen Poujadisten. Die Endphase der Vierten Republik beginnt, ganz im Zeichen des Algerienkriegs. Die Regierung des Rechtssozialisten Guy Mollet beschließt die Teilnahme Frankreichs am Suez-Blitzkrieg im Oktober. – Bei der Firma Philips ist Boris Vian für die Produktion mehrerer Chansons und Rock-and-Roll-Titel zuständig. – Im Februar stellen Boris Vian und Georges Delerue ihre Oper *Der schneeweiße Ritter* vor. – Im Juli schwere Erkrankung. – Anfang August spielt Boris Vian in dem Film *Notre Dame de Paris* von Jean Delannoy, danach in Saint-Tropez. – Die für das Kabarett ›Les Trois Baudets‹ geschriebene Science-fiction-Revue *En avant Mars* bleibt unaufgeführt.

1957 Gegen die Stimmen der Linken billigt die Nationalversammlung am 9.7. den Beitritt Frankreichs zur Europäischen Wirtschaftsgemeinschaft (EWG) und zur EURATOM. – Im Januar erfolgt die Ernennung Vians zum Künstlerischen Direktor der Abteilung »Variétés« bei Philips. – 31.Januar: Uraufführung der Oper *Der schneeweiße Ritter* in Nancy – Die Übersetzung des Romans *Les Aventures de A* von A. E. van Vogt erscheint. – Boris Vian schreibt den Kommentar zu dem Kurzfilm *La Joconde* von Henri Gruel und

Der Kinonarr Boris Vian, pour la chanson »Cinématographe«, 1955

Jean Suyeux. – Ende Juni, Anfang Juli spielt er in dem Film *Un Amour de Poche* von Pierre Kast. – Im Juli, in Saint-Tropez, schreibt er *Die Reichsgründer.* – Zahlreiche Schlager und Chansons entstehen und die Oper *Arne Saknussem.*

1958 Unter der Regierung Pflimlim erreicht die Algerienkrise ihren Höhepunkt. Putsch der Ultrarechten in Algerien, die eine harte Linie gegen die Aufständischen durchsetzen wollen. Die Nationalversammlung kapituliert vor den Bürgerkriegsdrohungen der Ultras und überträgt de Gaulle die Regierung. Ein manipulierter Wahlmodus und das Referendum über die Präsidialverfassung der Fünften Republik vom 29.9. ebnen de Gaulle den Weg zur Präsidialdiktatur. – Januar: Nach erneuter Erkrankung Ende 1957 erholt sich Boris Vian in Goury (Cap de la Hague). – Im Mai wird Vian Künstlerischer Direktor der Philips-Tochtergesellschaft Fontana. – Im September spielt Boris Vian in dem Film *Le Bel Age* von Pierre Kast. – Am 3. Oktober wird die Oper *Fiesta* (Musik von Darius Milhaud) in Berlin uraufgeführt. – Das Buch *En Avant la Zizique* und die Übersetzung des Romans *Die drei Gesichter Evas* von Corbett H. Thigpen und Hervey M. Checkley erscheinen. – 26. Oktober: Vortrag über *Architektur und Science-fiction* in der École des Beaux Arts. – Mehrere Filmszenarien entstehen und die Übersetzung von Strindbergs *Erik XIV*. – 28. Dezember: Boris Vian schreibt den *Brief über die Kriegsschwindler,* gerichtet an die Magnifizenz des Collège de Pataphysique.

1959 Am 8.1. wird de Gaulle Präsident der Fünften Republik, Ministerpräsident wird M. Debré. Unter weitgehender Ausschaltung des Parlaments setzt die Regierung einschneidende Wirtschaftserlasse und Finanzmaßnahmen (Franc-Abwertung), Erhöhung des Militärhaushalts und einen spürbaren Abbau von Sozialleistungen durch. Nach dem Fehlschlag offizieller Vorschläge für eine friedliche Lösung der Algerienfrage verschärft de Gaulle bald wieder die

Boris Vian à la trompette, 1955

militärischen Aktionen. – Januar: Erholungsurlaub Vians in Goury. Von hier aus schickt er auf Anforderung der Firma, die die Rechte nunmehr erworben hat, ein neues Szenario von *Ich werde auf eure Gräber spucken,* das als ›unseriös‹ abgelehnt wird. Boris Vian hält an seinem Szenario fest und bittet, von der Verfilmung Abstand zu nehmen. Gegen seinen Willen und ohne sein Mitwirken beginnen am 8. 2. die Dreharbeiten. – 14. Januar: Von Goury aus bittet Vian die Firma Fontana um seine Entlassung. – Das Stück *Die Reichsgründer* erscheint als Publikation des Collège de Pataphysique. Februar: Boris Vian übersetzt Brendan Behans ›Der Spaßvogel‹ (Aufführung am 15.4. im Théâtre de l'Œuvre) und arbeitet mit Georges Delerue an der Fragment gebliebenen Oper *Le Mercenaire.* – März / April: Boris Vian spielt in Roger Vadims Film ›Les Liaisons Dangereuses‹. – 1. April: Boris Vian wird Künstlerischer Direktor der Plattenfirma Barclay. – Am 28. Mai nimmt Boris Vian an einem pataphysischen Bankett zu Ehren Seiner Magnifizenz Baron Mollet teil. – 11. Juni: Großes Fest anläßlich der Akklamation Seiner Magnifizenz Baron Mollet, das Boris Vian und Jacques Prévert auf der Terrasse ihrer Wohnungen am ›Moulin Rouge‹ in der Cité Véron geben. – 23. Juni: Boris Vian stirbt während einer Probevorführung des Films *Ich werde auf eure Gräber spucken* im Kino Marbeuf.

»Sagt eurer Polizei
Sie würde mich nicht schaffen
Denn ich besitze Waffen
Und schieße nicht vorbei«

Boris Vian

Bibliographie der deutschen Ausgaben

Werkausgabe

Seit 1979 erscheint im Verlag Zweitausendeins, Frankfurt am Main, eine Werkausgabe in Einzelbänden, herausgegeben von Klaus Völker.

Der Schaum der Tage. Deutsch von Antje Pehnt. Neu durchgesehen von Klaus Völker. 1979

Herbst in Peking. Deutsch von Eugen Helmlé. 1979

Der Herzausreißer. Deutsch von Wolfgang Sebastian Baur. 1979

Das rote Gras. Deutsch von Eugen Helmlé. 1979

Ich werde auf eure Gräber spucken. Deutsch von Eugen Helmlé. 1979

Tote haben alle dieselbe Haut. Deutsch von Asma Semler. 1980

Die kapieren nicht. Deutsch von Hanns Grössel. 1980

Wir werden alle Fiesen killen. Deutsch von Eugen Helmlé. 1981

Aufruhr in den Andennen. Deutsch von Wolfgang Sebastian Baur. 1981

Drehwurm, Swing und das Plankton. Deutsch von Eugen Helmlé. 1982

Gesammelte Theaterstücke. Deutsch von Maria Frey, Eugen Helmlé, Kurt Kusenberg /Beate Mohring und Klaus Völker. 1983

Faule Zeiten. Gesammelte Erzählungen I. Deutsch von Frank Heibert und Klaus Völker. 1983

Liebe ist blind. Gesammelte Erzählungen II. Deutsch von Frank Heibert und Klaus Völker. 1983

Der Kommissar und die grüne Pantherin. Gesammelte Schriften über Film, Jazz, Literatur, Science-fiction und Pataphysik. Deutsch von Wolfgang Sebastian Baur, Frank Heibert, Eugen Helmlé und Klaus Völker. 1984

Ich möchte nicht krepieren. Gedichte, Lieder und Texte. Deutsch von Frank Heibert, Eugen Helmlé, Michael Prinz und Klaus Völker. 1985

Jedem seine Schlange. Szenen, Libretti, Lieder und Glossen. Deutsch von Frank Heibert, Eugen Helmlé und Klaus Völker. 1986

Hundert Sonette. Deutsch von Eugen Helmlé und Ludwig Harig. 1989

Einzelausgaben

Die Reichsgründer. Deutsch von François Lachenal und Klaus Völker. In: ›Französisches Theater der Avantgarde‹. Albert Langen/Georg Müller. München 1961

Chloé (L'écume des jours). Ins Deutsche übertragen von Antje Pehnt. Karl Rauch Verlag. Düsseldorf 1964

Herbst in Peking. Ins Deutsche übertragen von Antje Pehnt. Karl Rauch Verlag. Düsseldorf 1965

Der Herzausreißer. Berechtigte Übersetzung aus dem Französischen. Karl Rauch Verlag. Düsseldorf 1966

Die Ameisen. Sieben Erzählungen. Übersetzt von Irmgard Hartig und Klaus Völker. Verlag Klaus Wagenbach. Berlin 1967

Die Gischt der Tage. Ins Deutsche übertragen von Antje Pehnt. (Nachdruck der Ausgabe »Chloé« des Karl Rauch Verlags.) Bibliothek Suhrkamp. Frankfurt 1977

Der Deserteur. Chansons, Satiren und Erzählungen. Mit einem biographischen Portrait von Klaus Völker. Verlag Klaus Wagenbach. Berlin 1978

Herbst in Peking. Aus dem Französischen von Eugen Helmlé. Verlag Klaus Wagenbach. Berlin 1983

Der Schaum der Tage. Aus dem Französischen von Antje Pehnt. Neu durchgesehen von Klaus Völker. Verlag Volk und Welt. Berlin (DDR) 1984

Der Voyeur. 13 unanständige Geschichten. Mit Zeichnungen von Siné. Hrsg. v. Klaus Völker. Verlag Klaus Wagenbach. Berlin 1985

Boris Vian. Poesiealbum 233. Gedichte und Lieder. Auswahl Bernhard Thieme. Übertragen von Fritz Rudolf Fries, Eugen Helmlé, Heinz Hohenwald, Steffen Mensching, Klaus-Dieter Sommer, Bernhard Thieme und Klaus Völker Verlag Neues Leben. Berlin (DDR) 1987

Der Herzausreißer. Aus dem Französischen von Wolfgang Sebastian Baur. Verlag Klaus Wagenbach. Berlin 1988

Rundherum um Mitternacht. Gesammelte Schriften über Jazz I. Deutsch von Klaus Völker und Stefan Zweifel. Hannibal Verlag. Wien 1989

Stolz und Vorurteile. Gesammelte Schriften über Jazz II. Deutsch von Klaus Völker und Stefan Zweifel. Hannibal Verlag. Wien 1990

Benutzte Literatur und Quellenangaben für Zitate anderer Autoren

Noël Arnaud, *Les vies parallèles de Boris Vian.* Bizarre No. 39–40. J.-J. Pauvert Éditeur. Paris 1966

Noël Arnaud, *Les vies parallèles de Boris Vian.* Nouvelle édition augmentée de nombreux textes inédits. Union Générale d'Éditions. Paris 1970

Noël Arnaud /d'Déé /Ursula Kübler, *Images de Boris Vian.* Cantate eikonographia. Pierre Horay Éditeur. Paris 1978

Noël Arnaud, *Boris Vian de A à Z.* Obliques No. 8–9. Paris 1976

L'Avant-Scène Cinéma. No. 75. Le Désordre à vingts ans. Un film de Jacques Baratier. Paris, November 1967

L 'Avant Scène Théâtre. No. 406. Boris Vian, L'Equarrissage pour tous. Paris, Juli 1968

Jacques Bens, *Boris Vian.* Bordas. Paris 1976

Jean Clouzet, *Boris Vian.* Coll. Poètes d'aujourd'hui. Pierre Seghers Éditeur. Paris 1966

Dossier du Collège de Pataphysique. No 12. Hommage à Boris Vian. 9. Gidouille 87, vulgo Paris, 23.6.1960

Michel Fauré, *Les vies posthumes de Boris Vian.* Union Générale d'Éditions. Paris 1975

Barbara Gräfin von Korff Schmising, *Boris Vian als Dramatiker.* (Diss.) Bonn 1975

Gilbert Pestureau, *Boris Vian, Les amerlauds et les godons.* Union Générale d'Éditions. Paris 1978

Gilbert Pestureau, *Dictionnaire Vian.* Christian Bourgois Éditeur. Paris 1985

Françoise Renaudot, *Il était une fois Boris Vian.* Éditions Seghers. Paris 1973

Michel Rybalka, *Boris Vian.* Essai d'interprétation et du documentation. Lettres Modernes Minard. Paris 1969

Boris Vian, *Manuel de Saint-Germain-des-Prés.* Texte présenté et établi par Noël Arnaud. Iconographie rassemblé par d'Déé. Chêne. Paris 1974

Freddy de Vree, *Boris Vian.* Essai. Eric Losfeld Éditeur. Paris 1965

Simone de Beauvoir, *In den besten Jahren.* Aus dem Französischen von Rolf Soellner. Rowohlt Taschenbuch Verlag. Reinbek b. Hamburg 1969

Simone de Beauvoir, *Der Lauf der Dinge.* Aus dem Französischen von Paul Baudisch. Rowohlt Taschenbuch Verlag. Reinbek b. Hamburg 1970

Brassaï. Introduction par Roger Grenier. Centre Nationale de la Photographie. Paris 1987

Annie Cohen-Solal, *Sartre. 1905–1980.* Aus dem Französischen von Eva Groepler. Rowohlt Verlag. Reinbek b. Hamburg 1988

Ernst Jünger, *Strahlungen* I-II. Klett-Cotta. Stuttgart 1980
François Lagarde, *Ernst Jünger.* Photoalbum. gris banal, éditeur Montpellier 1983
Paul Léautaud, *Literarisches Tagebuch 1893–1956.* Herausgegeben und übersetzt von Hanns Grössel. Rowohlt Verlag. Reinbek b. Hamburg 1966
Giovanni Pico de la Mirandola, *Ausgewählte Schriften.* Übersetzt und eingeleitet von Arthur Liebert. Eugen Diederichs. Jena und Leipzig 1905
Jean-Charles Sabria, *Cinéma français.* Les Années 50. Economica Centre Georges Pompidou. Paris 1988
Jean-Paul Sartre, *Paris unter der Besatzung.* Artikel und Reportagen 1944–1945. Herausgegeben, übersetzt und mit einem Nachwort von Hanns Grössel. Rowohlt Taschenbuch Verlag. Reinbek b. Hamburg 1980
Jean-Paul Sartre, *Marxismus und Existentialismus.* Versuch einer Methodik. Deutsch von Herbert Schmitt. Rowohlt Taschenbuch Verlag. Reinbek b. Hamburg 1964
Liliane Sendyk-Siegel, *Sartre. Images d'une vie.* Commentaires de Simone de Beauvoir. Gallimard. Paris 1978
Mike Zwerin, *La Tristesse de Saint Louis: Swing unter den Nazis.* Aus dem Amerikanischen von Walter Richard Langer. Hannibal Verlag. Wien 1988
Georg Kaiser, *Der Brand im Opernhaus.* In: *Werke.* Erster Band. Propyläen Verlag. Berlin 1971
Siné, *Dessins politiques.* Jean-Jacques Pauvert Éditeur. Paris 1965

Die beiden Gedichte von Jacques Prévert und sämtliche Texte/Zitate von Boris Vian, soweit sie nicht aus bereits in deutscher Übersetzung vorliegenden Werken (siehe Bibliographie) stammen, wurden von Klaus Völker übersetzt.

Das literarische Gesamtwerk Boris Vians erscheint im Verlag Klaus Wagenbach:

»Mit seiner schier unerschöpflichen Phantasie und lebendigen, poetischen Sprache entwickelt Vian Geschichten, die selten in der uns bekannten Realität spielen, aber ein umso treffenderes Bild von ihr zeichnen.« Elke Virginia Koch, Münchner

Raymond Queneau *Unwahrscheinliche Flausen bekehrter Sodomiten*

Wer den berüchtigten Sprachakrobaten und Humoristen der französischen Moderne entdecken möchte (oder jemanden auf seine Spur setzen will): hier die abgedrehtesten Passagen seiner berühmtesten Werke als Einstiegsdroge.

Ausgewählt und mit einem Vorwort von Hans Thill
SVLTO. Rotes Leinen. Fadengeheftet. 128 Seiten mit vielen Photos

Sebastian und Herma C. Goeppert
Jean Cocteau und Pablo Picasso Eine Künstlerfreundschaft

Ein Buch über die lebenslange Verbindung zwischen zwei Künstlern, die gegensätzlicher kaum sein konnten – und doch ein Paradebeispiel für eine Künstlerfreundschaft.

»Wie schön, daß Goeppert zeigen darf, wie zwei ausgewiesene Monomanen so lange Freunde bleiben können.« Herwig Warner, Die literarische Welt

SVLTO. Rotes Leinen. Fadengeheftet. 96 Seiten mit vielen Zeichnungen von Picasso

Wenn Sie mehr über den Verlag und seine Bücher wissen möchten, schreiben Sie uns eine Postkarte (mit Anschrift und ggf. E-Mail). Wir verschicken immer im Herbst die *Zwiebel*, unseren Westentaschenalmanach mit Gesamtverzeichnis, Lesetexten aus den neuen Büchern und Photos. *Kostenlos!*

Verlag Klaus Wagenbach Emser Straße 40/41 10719 Berlin
www.wagenbach.de